五色抄本周易

〔宋〕朱熹　注

浙江古籍出版社

圖書在版編目(CIP)數據

五色抄本周易 / (宋) 朱熹注. -- 杭州 : 浙江古籍出版社, 2022.1
(宛委遺珍)
ISBN 978-7-5540-2180-4

Ⅰ. ①五… Ⅱ. ①朱… Ⅲ. ①《周易本義》—研究
Ⅳ. ①B244.7

中國版本圖書館CIP數據核字（2021）第254846號

宛委遺珍

五色抄本周易

〔宋〕朱熹　注

出版發行　浙江古籍出版社
（杭州市體育場路347號　郵編：310006）
網　　址　http://zjgj.zjcbcm.com
責任編輯　路　偉
封面設計　吴思璐
責任校對　吴穎胤
責任印務　樓浩凱
照　　排　浙江時代出版服務有限公司
印　　刷　浙江海虹彩色印務有限公司
開　　本　710 mm × 1000 mm　1/16
印　　張　22
版　　次　2022年1月第1版
印　　次　2022年1月第1次印刷
書　　號　ISBN 978-7-5540-2180-4
定　　價　220.00圓

出版説明

本次影印的是湖南圖書館的藏品，此書在《湖南省古籍善本書目》中著録爲『《周易》四卷清五色抄本』，實際是四卷本的朱熹《周易本義》。

朱熹字元晦，號晦庵、遯翁，又稱紫陽先生、考亭先生。徽州婺源人。南宋建炎四年（一一三〇），生於南劍州尤溪（今福建尤溪縣）。紹興十八年（一一四八），中進士第。歷官同安縣主簿、樞密院編修官、知南康軍、提舉江西常平茶鹽公事、知漳州事、焕章閣待制兼侍講等。晚年，陷入權相韓侂胄發動的誣道學爲『僞學』的迫害（史稱『慶元黨禁』），慶元六年（一二〇〇）卒。

朱熹是宋代理學的標誌性人物，畢生致力於著述講學，以『格物致知』爲宗旨，繼承並發展了北宋程顥、程頤之學，後世遂有『程朱理學』之稱。著述等身，有《周易本義》《詩集傳》《儀禮經傳通解》《四書章句集注》《四書或問》《論孟精義》《孝經刊誤》《資治通鑑綱目》《宋名臣言行録》《伊洛淵源録》《近思録》《小學》《楚辭集注》《韓文考異》等。另有《晦庵先生文集》一百卷，後經增補，版本繁多，各本卷數不一。

《易》爲五經之一，歷代注釋解説之作浩如煙海，《周易本義》是其中極爲重要、在後世影響極大的一種。朱熹注《易》，用力極深，耗時二十餘年始定稿。初作稱《易傳》，用王弼本，當時即有流傳，陳振孫《直齋書録解題》著録『《易傳》十一卷』。後改據吕祖謙所定《古易》,作《本義》。吕氏所定《古易》,以《上經》《下經》及『十翼』(《彖》上、下,《象》上、下,《繫辭》上、下,《文言》,《説卦》,《序卦》,《雜卦》),各爲一篇。與之對應,《周易本義》亦爲十二卷。今存南宋咸淳元年(一二六五)吴革刻本,便是十二卷本。除了正文十二卷之外,吴革刻本附有《易圖》(即《河圖》《洛書》《伏羲八卦次序》《伏羲八卦方位》《伏羲六十四卦次序》《伏羲六十四卦方位》《文王八卦次序》《文王八卦方位》《卦變圖》九種),卷末又有《筮儀》《周易五贊》。此後,如清康熙五十年曹寅刻本、康熙内府影刻吴革本等,亦爲十二卷本。需要注意的是,因編目著録習慣不同,《易圖》《筮儀》《五贊》有時也被各記成一卷。

不過,在明清兩代,更爲流行的是變易卷次而成的四卷本。四卷本的形成,是《周易本義》與程頤《易傳》(又稱《伊川易傳》《程氏易傳》等)拼合再離析的結果。大略而言,南宋後期,董楷將《程氏易傳》與《周易本義》拼合,並搜采程朱二家論《易》遺説,編成《周易傳義附録》。由於《程傳》係據王弼本而作,無法與《周易本義》直接相合,遂將後者拆散,插入《程傳》之中。此後,又出現了拼合程朱但不載董氏所輯『二家遺説』的本子,在元明兩代多次刊刻,這種拼合本一般名曰《周易程朱傳義》(或《周易傳義》)。最後,又逆向而動,將《程朱傳義》中的《程傳》删去,只留下《本義》,四卷本即屬此類。如前述,拼合本是將《本義》打散,列入《程傳》對應處之下,故而離析時在結構上未能恢復十二卷本原貌。

四卷本出現後,反復刊刻,官私刻本多至不可計數,特别是明清坊刻本中有大量的所謂《狀元易經》《監本易經》，皆爲此書。諸本在細節上或有差别，但内容結構大體相同。以此抄本爲例，卷首冠以《周易序》，實即程頤《易傳》自序，次《筮儀》，次《卦歌》，次《易圖》（即前述《河圖》《洛書》等九種），次目録，次正文。正文四卷的具體編排是：卷一《上經》，卷二《下經》，卷三《繫辭傳》之上、下，卷四《説卦傳》《序卦傳》《雜卦傳》。至於《彖傳》《象傳》《文言》，則分散列於各卦之下。

值得一提的是，變易卷次的《周易本義》還有五卷本。傅增湘《藏園群書經眼録》著録有『《周易本義》五卷《圖説》一卷《五贊》一卷』，爲『明正德刊巾箱本』，卷末有牌記『正德辛巳季秋刊行/於袁州府之仰韓堂』，『其分卷《本義》上、下爲卷一、二，《繫傳》上、下爲卷三、四，《説卦》以下爲卷五』，傅氏稱其『極罕見』。傅氏將此本收入囊中，今藏中國國家圖書館。

接下來，再談談此彩色抄本的具體版本問題。此本之前著録爲『清五色抄本』，清抄本固屬無疑，但更準確地説，此本應是清乾隆間内府所抄。今案，此本繕寫極爲精工，方體字一筆不苟，諸色色彩雅麗，鮮明動人，足見選料之考究上乘。上册書衣已改换，下册書衣簽條皆爲絹面，簽條（『周易下册』四字爲手寫）尚爲原簽，但略有磨損，經修補，書衣則爲後裝（此點承翁連溪、劉薔兩位先生教示）。

值得注意的是，乾隆時期，内府製作有多部彩色抄本，從現存品種來看，以戲本爲主，這應與彼時宫廷喜好戲曲的風氣有關，如上海圖書館藏《江流記》（入選《第四批國家珍貴古籍名録》，一〇九九八號）、《進瓜記》（入選《第四批國家珍貴古籍名録》，一〇九八五號）、南京市博物館藏《衣錦還鄉》《恩榮爵秩》（入選《第三批國家珍貴古籍名録》，〇九六五七號），均爲四色抄本。將此《周易本義》與它們比較，可知體式與抄寫風格爲一路。

稍有不同的是，《周易本義》用色數量更多，不止所謂『五色』。以乾卦爲例，爲區分節目，卦名『乾』、爻題名『初九』等用藍色，經文如『元亨利貞』用黑色，朱熹解説用朱色，『彖曰』『象曰』『文言曰』用黄色，以標識此下爲《彖傳》《象傳》《文言》文句。又如，卷四《説卦傳》第四章，『雷以動之』爲淺緑，『風以散之』爲紫，『雨以潤之』爲墨，『日以烜之』爲朱，『艮以止之』爲墨緑，『兑以説之』爲淡藍，『乾以君之』爲深藍，『坤以藏之』爲黄。毫無疑問，色彩越多，則出錯概率越大，用工耗時亦越多。

另一方面，此本又與雍正間國子監刻本《五經四書》有關。這套刻本《五經四書》全用宋元人注，其中《周易》即爲四卷本《周易本義》。該本爲半葉九行十七字，小字雙行同，白口，四周雙邊，無魚尾。兩相比較，抄本與刻本的行款乃至空格抬行處完全一致。所不同者，抄本有單魚尾而刻本無；避諱字方面，抄本『玄』『弘』避諱，『顒』『寧』不避，刻本只避『玄』，『弘』以下諸字不避。綜合以上幾點，可知抄本係乾隆時據雍正刻本抄成，惟因時代推移，避諱有所變化而已。此外，不知當時内府是否據雍正刻本製作了整套《五經四書》的彩色抄本，此點有待進一步考索。

此本無任何清宫璽印。序首葉『半哭半笑樓珍藏印』、卷二首葉『又任之印』爲于右任藏印，序末與卷二首葉『虞琴秘笈』則是姚瀛藏印。從藏印位置關係來看，應是先入姚氏，再轉歸于氏。于右任是近代著名書法家、學者，毋庸多做介紹。姚瀛（一八六七—一九六一），字虞琴，號景瀛，仁和人。後長期居於上海，晚年爲上海市文史館館員。精書畫，又善鑒藏，與吴昌碩等書畫界名流多有交遊。著有《珍帚齋詩畫稿》。胡海兵《姚虞琴的書畫人生》（《書與畫》二〇一七年十二期）介紹姚氏生平及藝術創作，讀者可參閲。

要之，此清乾隆間内府彩色抄本《周易本義》繕寫精良，覽之賞心悦目，是難得一見的珍品。特此影印，略加考述如右。錯謬之處，敬祈讀者指正。

石　祥

二〇二一年十一月二十六日

目録

周易卷之二

據湖南圖書館藏五色精抄本
影印原書板框高二十一點四
厘米寬十三點八厘米

周易序

易之爲書，卦爻彖象之義備，而天地萬物之情見。聖人之憂天下來世，其至矣。先天下而開其物，後天下而成其務，是故極其數以定天下之象，著其象以定天下之吉凶。六十四卦，三百八十四爻，皆所以順性命之理，盡變化之道也。散之在理，則有萬殊；統之在道，則无二致。所以易有太極，是生兩儀。太極者，道也；兩儀者，陰陽也。陰陽，一道也；太極，无極也。

萬物之生負陰而抱陽莫不有太極莫不有兩儀絪縕交感變化不窮形一受其生神一發其智情僞出焉萬緒起焉易所以定吉凶而生大業故易者陰陽之道也卦者陰陽之物也爻者陰陽之動也卦雖不同所同者奇耦爻雖不同所同者九六是以六十四卦爲其體三百八十四爻互爲其用遠在六合之外近在一身之中暫於瞬息微於動靜莫不有卦之象焉莫不有爻之義焉至哉易乎其

道至大而无不包其用至神而无不存時固未始有一而卦未始有定象事固未始有窮而爻亦未始有定位以一時而索卦則拘於无變非易也以一事而明爻則窒而不通非易也知所謂卦爻彖象之義而不知有卦爻彖象之用亦非易也故得之於精神之運心術之動與天地合其德與日月合其明與四時合其序與鬼神合其吉凶然後可以謂之知易也雖然易之有卦易之巳形者也卦之

有爻卦之已見者也已形已見者可以知言未形未見者不可以名求則所謂易者果何如哉此學者所當知也

筮儀

擇地潔處爲著室南戶置牀于室中央

牀大約長五尺廣三尺毋太近壁

蓍五十莖韜以纁帛貯以皁囊納之櫝中置于牀北

櫝以竹筒或堅木或布漆爲之圓徑三寸如蓍之長半爲底半爲蓋下别爲臺函之使不偃仆

設木格于櫝南居牀二分之北

格以横木板爲之高一尺長竟牀當中爲兩大刻相距一尺大刻之西爲三小刻相距各五寸許下施横足側立案上

置香爐一于格南香合一于爐南日炷香致敬將筮則灑掃拂拭滌硯一注水及筆一墨一黄漆板一于爐東東上筮者齊潔衣冠北面盥手焚香致敬齊側皆反

筮者北面見儀禮若使人筮則主人焚香畢少退北面立筮者進立于牀前少西南

向受命主人直述所占之事筮者許諾主人右還西向立筮者右還北向立

兩手奉櫝蓋置于格南爐北出蓍于櫝去囊解韜置于櫝東合五十策兩手執之熏于爐上

此後所用蓍策之數其說並見啓蒙

命之曰假爾泰筮有常假爾泰筮有常某官姓名今以某事云云未知可否爰質所疑于神于靈吉凶得失悔吝憂虞惟爾有神尚明

告之。乃以右手取其一策，反于櫝中，而以左右手中分四十九策，置格之左右兩大刻。

此第一營，所謂分而爲二以象兩者也。

次以左手取左大刻之策執之，而以右手取右大刻之一策，掛于左手之小指間。

此第二營，所謂掛一以象三者也。

次以右手四揲左手之策。揲，食列反。

此第三營之半，所謂揲之以四以象四時者也。

次歸其所餘之策或一或二或三或四而扐之左手无名指閒

此第四營之半所謂歸奇于扐以象閏者也

次以右手反過揲之策于左大刻遂取右大刻之策執之而以左手四揲之

此第三營之半

次歸其所餘之策如前而扐之左手中指之閒

此第四營之半所謂再扐以象再閏者也

一變所餘之策左一則右必三左二則右

亦二左三則右必一左四則右亦四通掛

一之策不五則九五以一其四而爲奇九

以兩其四而爲耦奇者三而耦者一也

次以右手反過揲之策于右大刻而合左手

一掛二扐之策置于格上第一小刻

以東爲上後放此

是爲一變再以兩手取左右大刻之蓍合之

或四十四策或四十策

復四營如第一變之儀而置其掛扐之策于

格上第二小刻是爲二變復扶又反營于平反下同

二變所餘之策左一則右必二左二則右

必一左三則右必四左四則右必三通掛

一之策不四則八四以一其四而爲奇八

以兩其四而爲耦奇耦各得四之二焉

又再取左右大刻之蓍合之

或四十策或三十六策或三十二策

復四營如第二變之儀而置其掛扐之策于
格上第三小刻是爲三變
三變餘策與二變同
三變既畢乃視其三變所得掛扐過揲之策
而畫其爻于版
掛扐之數五四爲奇九八爲耦掛扐三奇
合十三策則過揲三十六策而爲老陽其
畫爲口所謂重也掛扐兩奇一耦合十七
策則過揲三十二策而爲少陰其畫爲--

所謂拆也掛扐兩耦一奇合二十一策則過揲二十八策而爲少陽其畫爲⚊所謂單也掛扐三耦合二十五策則過揲二十四策而爲老陰其畫爲✕所謂交也

如是每三變而成爻

第一第四第七第十第十三第十六凡六變並同但第三變以下不命而但用四十九蓍耳第二第五第八第十一第十四第十七凡六變亦同第三第六第九第十二

第十五第十八凡六變亦同。

凡十有八變而成卦。乃考其卦之變。而占其事之吉凶。

卦變別有圖。說見啓蒙。

禮畢。韜蓍。襲之以囊。入櫝。加蓋。斂筆硯墨版。再焚香致敬而退。

如使人筮。則主人焚香。揖筮者而退。

周易本義卦歌

八卦取象歌

☰乾三連　☷坤六斷

☳震仰盂　☶艮覆盌

☲離中虛　☵坎中滿

☱兌上缺　☴巽下斷

分宮卦象次序

乾坎艮震爲陽四宮　巽離坤兌爲陰四宮　每宮陰陽八卦

乾爲天　天風姤　天山遯　天地否

風地觀　山地剝　火地晉　火天大有

坎爲水　水澤節　水雷屯　水火既濟

澤火革　雷火豐　地火明夷　地水師

艮爲山　山火賁　山天大畜　山澤損
火澤睽　天澤履　風澤中孚　風山漸
震爲雷　雷地豫　雷水解　雷風恒
地風升　水風井　澤風大過　澤雷隨
巽爲風　風天小畜　風火家人　風雷益
天雷无妄　火雷噬嗑　山雷頤　山風蠱
離爲火　火山旅　火風鼎　火水未濟
山水蒙　風水渙　天水訟　天火同人
坤爲地　地雷復　地澤臨　地天泰
雷天大壯　澤天夬　水天需　水地比
兌爲澤　澤水困　澤地萃　澤山咸

水山蹇　地山謙　雷山小過　雷澤歸妹

上下經卦名次序歌

乾坤屯蒙需訟師　比小畜兮履泰否
同人大有謙豫隨　蠱臨觀兮噬嗑賁
剝復无妄大畜頤　大過坎離三十備
咸恒遯兮及大壯　晉與明夷家人睽
蹇解損益夬姤萃　升困井革鼎震繼
艮漸歸妹豐旅巽　兌渙節兮中孚至
小過既濟兼未濟　是爲下經三十四

上下經卦變歌

訟自遯變泰歸妹　否從漸來隨三位

首困噬嗑未濟兼　蠱三變賁井既濟
噬嗑六五本益生　賁原於損既濟會
无妄訟來大畜需　咸旅恒豐皆疑似
晉從觀更睽有三　離與中孚家人繫
蹇利西南小過來　解升二卦相爲贅
鼎由巽變漸渙旅　渙自漸來終於是

周易本義圖目

河圖

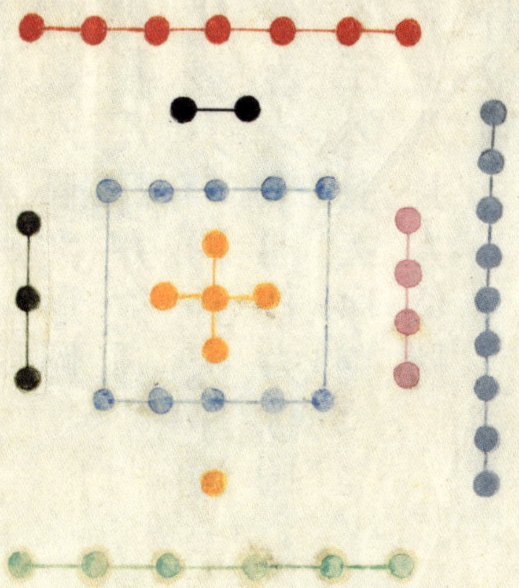

繫辭傳曰河出圖洛出書聖人則之又曰天一地二天三地四天五地六天七地八天九地十天數五地數五五位相得而各有合天數二十有五地數三十凡天地之數五十有五此所以成變化而行鬼神也此河圖之數也洛書蓋取龜象故其數戴九履一

洛書

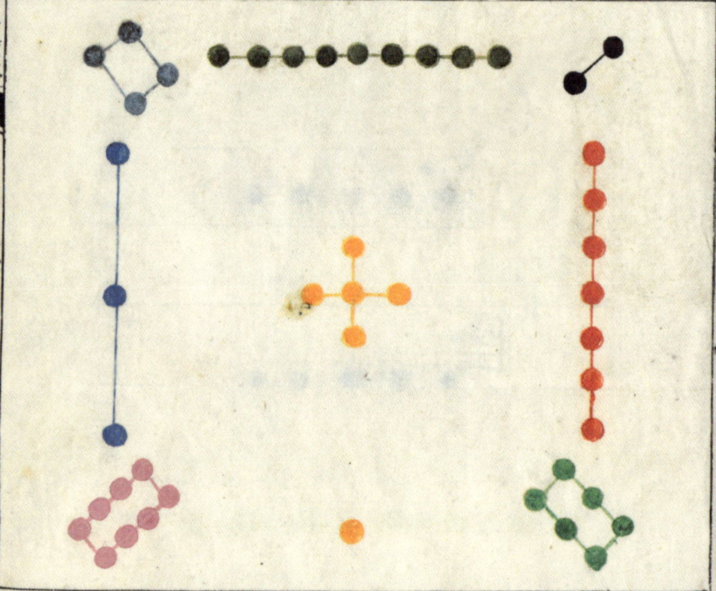

左三右七二四爲肩六八爲足

蔡元定曰圖書之象自漢孔安國劉歆魏關朗子明有宋康節先生邵雍堯夫皆謂如此至劉牧始兩易其名而諸家因之故今復之悉從其舊

伏羲八卦次序

	一	二	三	四	五	六	七	八
八卦	乾	兌	離	震	巽	坎	艮	坤
四象	太陽		少陰		少陽		太陰	
兩儀	陽				陰			

太極

繫辭傳曰易有太極是生兩儀兩儀生四象四象生八卦邵子曰一分爲二二分爲四四分爲八也說卦傳曰易逆數也邵子曰乾一兌二離三震四巽五坎六艮七坤八自乾至坤皆得未生之卦若逆推四時之比也後六十四卦次序放此

伏羲八卦方位

說卦傳曰：天地定位，山澤通氣，雷風相薄，水火不相射，八卦相錯。數往者順，知來者逆。邵子曰：乾南坤北，離東坎西，兌東南，震東北，巽西南，艮西北。自震至乾爲順，自巽至坤爲逆。後六十四卦方位放此。

伏羲十六

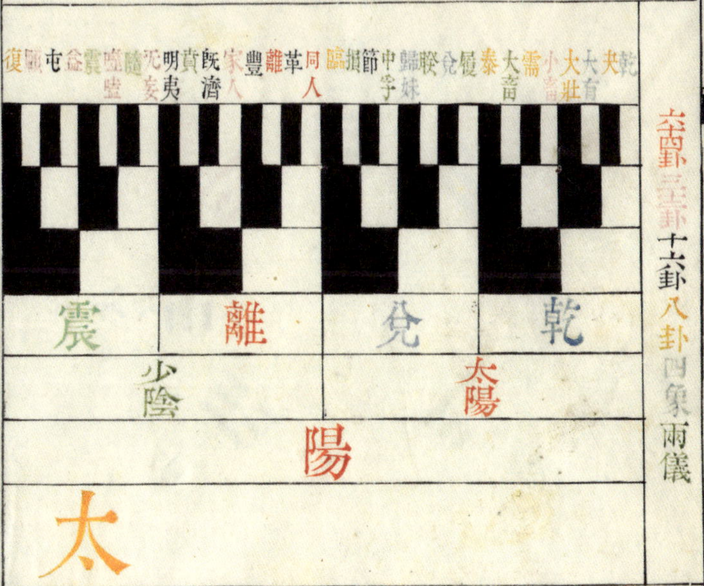

前八卦次序圖即繫辭傳所謂八卦成列者此圖即其所謂因而重之者也故下三畫即前圖之八卦上三畫則各以其序重之而下卦因亦各衍而爲八也若逐爻漸生則邵子所謂八分爲十六十六分爲三十二三十二分爲六十四者尤見法象自然之妙

四卦次序

姤　大過　鼎　恒　巽　井　蠱　升　訟　困　未濟　解　渙　坎　蒙　師　遯　咸　旅　小過　漸　蹇　艮　謙　否　萃　晉　豫　觀　比　剝　坤

巽　坎　艮　坤

少陽　太陰

陰

極

也

伏羲六十

伏羲四圖其說皆出邵氏蓋邵氏得之李之才挺之挺之得之穆修伯長伯長得之華山希夷先生陳摶圖南者所謂先天之學也此圖圓布者乾盡午中坤盡子中離盡卯中坎盡酉中陽生於子中極於午中陰生於午

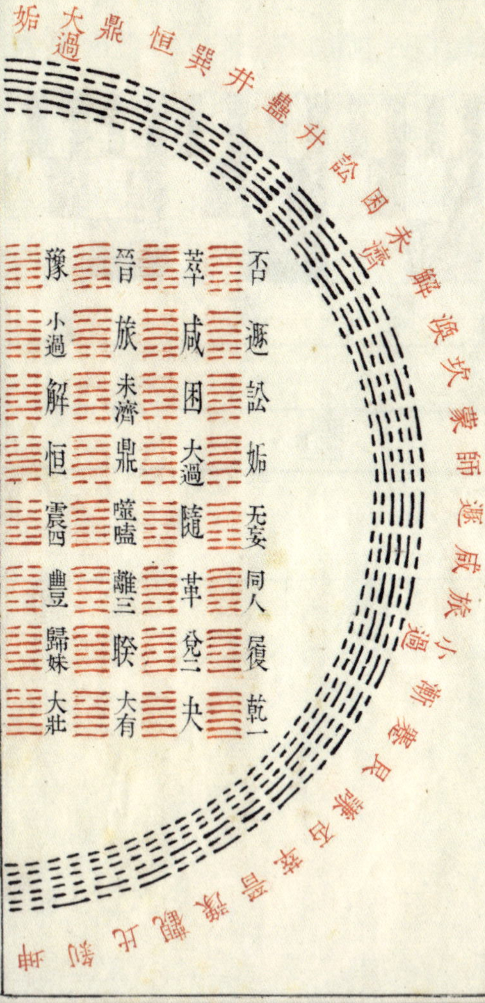

周易上經　圖說

四卦方位

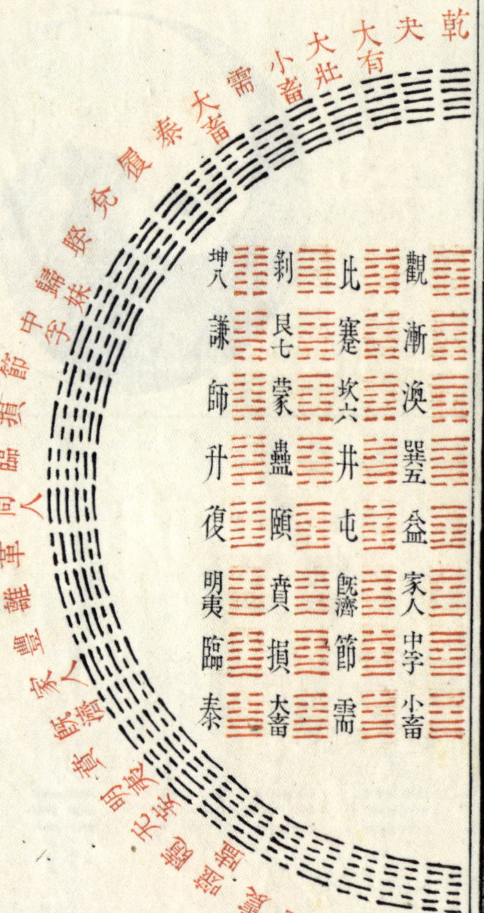

中極於子中，其陽在南，其陰在北。方布者，乾始於西北，坤盡於東南，其陽在北，其陰在南。此二者陰陽對待之數。圓於外者爲陽，方於中者爲陰。圓者動而爲天，方者靜而爲地者也。

文王八卦次序

太極
乾父
艮坎震
坤母
兌離巽
震長男得乾初爻
坎中男得乾中爻
艮少男得乾上爻
巽長女得坤初爻
離中女得坤中爻
兌少女得坤上爻

文王八卦方位

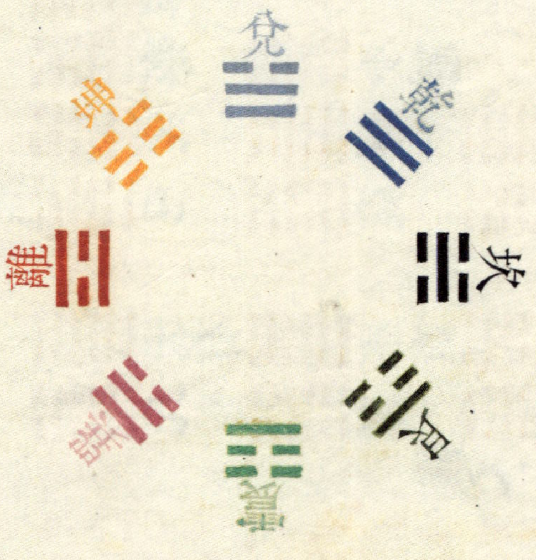

右見說卦。邵子曰。此文王八卦。乃入用之位。後天之學也。

卦變圖

彖傳或以卦變爲說，今作此圖以明之，蓋易中之一義，非畫卦作易之本指也。

凡一陰一陽之卦各六，皆自復姤而來。五陰五陽卦同圖異

剝　比　豫　謙　師　復

夬　大有　小畜　履　同人　姤

凡二陰二陽之卦各十有五，皆自臨遯而來。四陰四陽卦同圖異

頤　屯　震　明夷　臨

蒙　坎　解　升

艮　蹇　小過

晉　萃

觀

大過 革 兌 需 大壯
鼎 離 睽 大畜
巽 家人 中孚
訟 无妄
遯

凡三陰三陽之卦各二十皆自泰否而來

損 賁 噬嗑 益 蠱
節 既濟 隨 井
歸妹 豐 恒
泰

未濟　困
渙
旅　咸
漸
否
咸　旅　漸　否
困　未濟　渙
井　蠱
恒
隨　噬嗑　益
既濟　賁

豐

節　損

歸妹

泰

凡四陰四陽之卦各十有五皆自大壯觀而來二陰二陽圖已見前

大畜　需　大壯

睽　兌

中孚

離　革

家人

无妄

鼎　大過

巽

訟

遯

萃　晉　觀

蹇　艮

小過

坎　蒙

解

升

屯　頤

震
明夷
臨

凡五陰五陽之卦各六皆自夬剝而來一陰一陽圖已見前

大有
夬
小畜
履
同人
姤
比
剝
豫

䷎ 謙

䷆ 師

䷗ 復

右易之圖九有天地自然之易有伏羲之易有文王周公之易有孔子之易自伏羲以上皆无文字只有圖畫最宜深玩可見作易本原精微之意文王以下方有文字即今之周易然讀者亦宜各就本文消息不可便以孔子之說爲文王之說也

周易本義目録

周易卷之一

周易上經

周代名也易書名也其卦本伏羲所畫有交易變易之義故謂之易其辭則文王周公所繫故繫之周以其簡袠重大故分爲上下兩篇經則伏羲之畫文王周公之辭也并孔子所作之傳十篇凡十二篇中間頗爲諸儒所亂近世晁氏始正其失而未能盡合古文呂氏又更定著爲經二卷傳十卷乃復孔氏之舊云

☰ 乾下乾上

乾元亨利貞 乾渠焉反○六畫者伏羲所畫之卦也一者奇也陽之數也乾

者健也陽之性也本註乾字三畫卦之名也下者內卦也上者外卦也經文乾字六畫卦之名也伏義仰觀俯察見陰陽有奇耦之數故畫一奇以象陽畫一耦以象陰見一陰一陽有各生一陰一陽之象故自下而上再倍而三以成八卦見陽之性健而其成形之大者爲天故三奇之卦名之曰乾而擬之於天也三畫已具八卦已成則又三倍其畫以成六畫而於八卦之上各加八卦以成六十四卦也此卦六畫皆奇上下皆乾則陽之純而健之至也故乾之名天之象皆不易焉元亨利貞文王所繫之辭以斷一卦之吉凶所謂象辭者也元大也亨通也利宜也貞正而固也文王以爲乾道大通而至正故於筮得此卦而六爻皆不變者言其占當得大通而必利在正固然後可以保其終也此聖人所以作易教人卜筮而可以開物成務之精意餘卦放此

○初九潛龍勿用

潛捷言反○初九者卦下陽爻之名凡畫卦者自下而上故以下爻爲初陽數九爲老七爲少老變而少不變故謂陽爻爲九潛龍勿用周公所繫之辭以斷一爻之吉凶所謂爻辭者也潛藏也龍陽物也初陽在下未可施用故其象爲潛龍其占曰勿用凡遇乾而此爻變者當觀此象而玩其占也餘爻放此

○九二　見龍在田利見大人

見龍之見賢遍反卦內見龍並同○二謂自下而上第二爻也後放此九二剛健中正出潛離隱澤及於物物所利見故其象爲見龍在田其占爲利見大人九二雖未得位而大人之德已著常人不足以當之故值此爻之變者但爲利見此人而已蓋亦謂在下之大人也此以爻與占者相爲主賓自爲一例若有見龍之德則爲利見九五在上之大人矣

○九三　君子終日乾乾夕惕若厲无咎

九陽爻三陽位重剛不中居下之上乃危地
也然性體剛健有能乾乾惕厲之象故其占
如此君子指占者而言言能憂
懼如是則雖處危地而无咎也
○九四或躍在淵无咎
躍羊灼反○或者疑而未定之辭
躍者无所緣而絕於地特未飛爾
淵者上空下洞深昧不測之所龍之在是若
下於田或躍而起則向乎天矣九陽四陰居
上之下改革之際進退未定之時也故
其象如此其占能隨時進退則无咎也
○九五飛龍在天利見大人
剛健中正以居尊位
如以聖人之德居聖
人之位故其象如此而占法與九二同特所
利見者在上之大人爾若有其位則爲利見
九二在下
之大人也
○上九亢龍有悔
亢苦浪反○上
者最上一爻之
名亢者過於上而不能下之意也陽
極於上動必有悔故其象占如此
○用九

見羣龍无首吉

用九言凡筮得陽爻者皆用九而不用七蓋諸卦百九十二陽爻之通例也以此卦純陽而居首故於此發之而聖人因繫之辭使遇此卦而六爻皆變者即此占之蓋六陽皆變剛而能柔吉之道也故為羣龍无首之象而其占為如是則吉也春秋傳曰乾之坤曰見羣龍无首吉蓋即純坤卦辭牝馬之貞先迷後得東北喪朋之意

○彖曰大哉乾元萬物資始乃統天

彖吐亂反○彖即文王所繫之辭傳者孔子所以釋經之辭也後凡言傳者放此○此專以天道明乾義又析元亨利貞為四德以發明之而此一節首釋元義也大哉歎辭元大也始也乾元天德之大始故萬物之生皆資之以為始也又為四德之首而貫乎天德之始終故曰統天

雲行雨施品物流形

施始豉反卦內同○此釋乾之亨也

大明終始六位時成時乘六龍以御天始卽元也終謂貞也不終則无始不貞則无以爲元也此言聖人大明乾道之終始則見卦之六位各以時成而乘此六陽以行天道是乃聖人之元亨也乾道變化各正性命保合太和乃利貞變者化之漸化者變之成物所受爲性天所賦爲命太和陰陽會合沖和之氣也各正者得於有生之初保合者全於己生之後此言乾道變化无所不利而萬物各得其性命以自全以釋利貞之義也首出庶物萬國咸寧聖人在上高出於物猶乾道之變化也萬國各得其所而咸寧猶萬物之各正性命而保合太和也此言聖人之利貞也蓋嘗統而論之元者物之始生亨者物之暢茂利則向於實也貞則實之成也實之既成則其根蔕脫落可復種而生矣

此四德之所以循環而无端也然而四者之閒生氣流行初无閒斷此元之所以包四德而統天也其以聖人而言則孔子之意蓋以此卦爲聖人得天位行天道而致太平之占也雖其文義有非文王之舊者然讀者各以其意求之則並行而不悖也坤卦放此○

象曰天行健君子以自彊不息象者卦之上下兩象及兩象之六爻周公所繫之辭也○天乾卦之象也凡重卦皆取重義此獨不然者天一而已但言天行則見其一日一周而明日又一周若重複之象非至健不能也君子法之不以人欲害其天德之剛則自彊而不息矣○潛龍勿用陽在下也陽謂九下謂潛○見龍在田德施普也○終日乾乾反復道也復芳服反本亦作覆○反復重複踐行之意○或躍在

淵進无咎也可以進而不必進也○飛龍在天大人造也造祖早反造猶作也○亢龍有悔盈不可久也○用九天德不可爲首也言陽剛不可爲物先故六陽皆變而吉○天行以下先儒謂之大象潛龍以下先儒謂之小象後放此○文言曰元者善之長也亨者嘉之會也利者義之和也貞者事之幹也長丁丈反下長人同幹古旦反○此篇申彖傳象傳之意以盡乾坤二卦之蘊而餘卦之說因可以例推云○元者生物之始天地之德莫先於此故於時爲春於人則爲仁而衆善之長也亨者生物之通物至於此莫不嘉美故於時爲夏於人則爲禮而衆美之會也利者生物之遂物各得宜不相妨害故於時爲秋於人則爲

爲義而得其分之和貞者生物之成實理具備隨在各足故於時爲冬於人則爲智而爲衆事之幹幹木之身而枝葉所依以立者也

君子體仁足以長人嘉會足以合禮利物足以和義貞固足以幹事以仁爲體則无一物不在所愛之中故足以長人嘉其所會則无不合禮使物各得其所利則義无不和貞固者知正之所在而固守之所謂知而弗去者也故足以爲事之幹

君子行此四德者故曰乾元亨利貞非君子之至健无以行此故曰乾元亨利貞○此第一節申彖傳之意與春秋傳所載穆姜之言不異疑古者已有此語穆姜稱之而夫子亦有取焉故下文別以子曰表孔子之辭蓋傳者欲以明此章之爲古語也

○初九曰潛龍勿用何謂也子

曰龍德而隱者也不易乎世不成乎名遯世无悶不見是而无悶樂則行之憂則違之確乎其不可拔潛龍也樂音洛確苦學反○龍德聖人之德也在下故隱易謂變其所守大抵乾卦六爻文言皆以聖人明之有隱顯而无淺深也○九二曰見龍在田利見大人何謂也子曰龍德而中正者也庸言之信庸行之謹閑邪存其誠善世而不伐德博而化易曰見龍在田利見大人君德也行下孟反邪以嗟反○正中不潛而未躍之時也常言亦信常行亦謹盛德之至也閑邪存其誠无斁亦保之意言君德也者釋大人之爲九二也

○九三曰君子終日乾乾夕惕若厲无咎何謂也子曰君子進德脩業忠信所以進德也脩辭立其誠所以居業也知至至之可與幾也知終終之可與存義也是故居上位而不驕在下位而不憂故乾乾因其時而惕雖危无咎矣

幾音機○忠信主於心者无一念之不誠也脩辭見於事者无一言之不實也雖有忠信之心然非脩辭立誠則无以居之知至至之進德之事知終終之居業之事所以終日乾乾而夕猶惕若者以此故也可上可下不驕不憂所謂无咎也

○九四曰或躍在淵无咎何謂也子曰上下无常

非爲邪也進退无恒非離羣也君子進德脩業欲及時也故无咎離去聲○內卦以德學言外卦以時位言進德脩業九三備矣此則欲其及時而進也○九五曰飛龍在天利見大人何謂也子曰同聲相應同氣相求水流濕火就燥雲從龍風從虎聖人作而萬物覩本乎天者親上本乎地者親下則各從其類也應去聲○作起也物猶人也覩釋利見之意也本乎天者謂動物本乎地者謂植物各從其類聖人人類之首也故興起於上則人皆見之○上九曰亢龍有悔何謂也子曰貴而无位高而无民賢

人在下位而无輔是以動而有悔也賢人在下位謂九五以下无輔以上九過高志滿不來輔助之也○此第二節申象傳之意○潛龍勿用下也○見龍在田時舍也舍音捨○言未爲時用也○終日乾乾行事也○或躍在淵自試也未遽有爲姑試其可○飛龍在天上治也治平聲○居上以治下○亢龍有悔窮之災也○乾元用九天下治也治去聲○言乾元用九見與他卦不同君道剛而能柔天下无不治矣○此第三節再申前意○潛龍勿用陽氣潛藏○見龍在田天下文明雖不在上位然天下已被其化○終日乾乾與時偕

行時當然也○或躍在淵乾道乃革離下而上變革之時○飛龍在天乃位乎天德天德即天位也蓋唯有是德乃宜居是位故以名之○亢龍有悔與時偕極○乾元用九乃見天則剛而能柔天之法也此第四節又申前意○○乾元者始而亨者也始則必亨理勢然也利貞者性情也收斂歸藏乃見性情之實乾始能以美利利天下不言所利大矣哉始者元而亨也利天下者利也不言所利者貞也或曰坤利牝馬則言所利矣大哉乾乎剛健中正純粹精也剛以體言健兼用言中者其行无過不及正者其立不偏四者乾之德也純者不雜於陰柔粹者不雜於邪惡蓋剛健中

正之至極而精者文純粹之至極也或疑乾剛无柔不得言中正者不然也天地之間本一氣之流行而有動靜爾以其流行之統體而言則但謂之乾而无所不包矣以其動靜分之然後有陰陽剛柔之別也六爻發揮旁通情也旁通猶言曲盡時乘六龍以御天也雲行雨施天下平也言聖人時乘六龍以御天則如天之雲行雨施而天下平也○此第五節復申首章之意○君子以成德爲行日可見之行也潛之爲言也隱而未見行而未成是以君子弗用也行並去聲未見之見音現○成德已成之德也初九固成德但其行未可見爾○君子學以聚之問以辨之寬以居之仁以行之易

曰見龍在田利見大人君德也蓋由四者以成大人之德再言君德以深明九二之爲大人也○九三重剛而不中上不在天下不在田故乾乾因其時而惕雖危无咎矣重平聲下同剛謂陽爻陽位○重○九四重剛而不中上不在天下不在田中不在人故或之或之者疑之也故无咎九四非重剛重字疑衍在人謂三或者隨時而未定也○夫大人者與天地合其德與日月合其明與四時合其序與鬼神合其吉凶先天而天弗違後天而奉天時天且弗違而況於人

乎況於鬼神乎夫音扶先後並去聲○大人卽釋爻辭所利見之大人也有是德而當其位乃可以當之人與天地鬼神本无二理特蔽於有我之私是以梏於形體而不能相通大人无私以道爲體曾何彼此先後之可言哉先天不違謂意之所爲黙與道契後天奉天謂知理如是奉而行之回紇謂郭子儀曰卜者言此行當見一大人而還其占蓋與此合若子儀者雖未及乎夫子之所論然其至公无我亦可謂當時之大人矣

○亢之爲言也知進而不知退知存而不知亡知得而不知喪喪去聲○所以動而有悔也其唯聖人乎知進退存亡而不失其正者其唯聖人乎知其理勢如是而處之以道則不至於有悔矣固非計私以避害者也再言其唯聖

人乎始若設問而卒自應之也○此第六節復申第二第三第四節之意

䷁ 坤下 坤上

坤元亨利牝馬之貞君子有攸往先迷後得主利西南得朋東北喪朋安貞吉

牝頻忍反 喪去聲○

--者耦也陰之數也坤者順也陰之性也註中者三畫卦之名也經中者六畫卦之名也陰之成形莫大於地此卦三畫皆耦故名坤而象之地重之又得坤焉則是陰之純順之至故其名與象皆不易也牝馬順而健行者陽先陰後陽主義陰主利西南陰方東北陽方安順之爲也貞健之守也遇此卦者其占爲大亨而利以順健爲正如有所往則先迷後得而主於利往西南則得朋往東北則喪朋大抵能安於正則吉也○象曰至

哉坤元萬物資生乃順承天此以地道明坤之義而首言元也至極也比大義差緩始者氣之始生者形之始順承天施地之道也坤厚載物德合无疆含弘光大品物咸亨疆居良反下同○言亨也德合无疆謂配乾也牝馬地類行地无疆柔順利貞君子攸行言利貞也馬乾之象而以爲地類者牝陰物而馬又行地之物也行地无疆則順而健矣柔順利貞坤之德也君子攸行人之所行如坤之德也所行如是則其占如下文所云也先迷失道後順得常西南得朋乃與類行東北喪朋乃終有慶陽大陰小陽得兼陰陰不得兼陽故坤之德常減於乾之半也東北雖喪朋然反之西南則終有慶矣安貞之

吉應地无疆安而且貞地之德也○象曰地勢坤君子以厚德載物地坤之象亦一而已故不言重而言其勢之順則見其高下相因之无窮至順極也厚而无所不載也○初六履霜堅冰至六陰爻之名陰數六老而八少故謂陰爻為六也霜陰氣所結盛則水凍而為冰此爻陰始生於下其端甚微而其勢必盛故其象如履霜則知堅冰之將至也夫陰陽者造化之本不能相无而消長有常亦非人所能損益也然陽主生陰主殺則其類有淑慝之分焉故聖人作易於其不能相无者既以健順仁義之屬明之而无所偏主至其消長之際淑慝之分則未嘗不致其扶陽抑陰之意焉蓋所以贊化育而參天地者其旨深矣不言其占者謹微之意已可見於象中矣象曰履霜堅冰陰始凝也馴致

其道至堅冰也凝魚陵反馴似遵反○按魏志作初六履霜今當從之馴順習也○六二直方大不習无不利柔順正固坤之直也賦形有定坤之方也德合无疆坤之大也六二柔順而中正又得坤道之純者故其德內直外方而又盛大不待學習而无不利占者有其德則其占如是也象曰六二之動直以方也不習无不利地道光也○六三含章可貞或從王事无成有終六陰三陽內含章美可貞以守然居下之上不終含藏故或時出而從上之事則始雖无成而後必有終爻有此象故戒占者有此德則如此占也象曰含章可貞以時發也或從王事知光大也知音智○六四括囊无咎

无譽括古活反譽音餘又音預○括囊言結囊口而不出也譽者過實之名謹密如是則无咎而亦无譽矣六四重陰不中故其象占如此蓋或事當謹密或時當隱遯也

象曰括囊无咎愼不害也○六五黃裳元吉黃中色裳下飾六五以陰居尊中順之德充諸內而見於外故其象如此而其占爲大善之吉也占者德必如是則其占亦如是矣春秋傳南蒯將叛筮得此爻以爲大吉子服惠伯曰忠信之事則可不然必敗外彊內溫忠也和以率貞信也故曰黃裳元吉黃中之色也裳下之飾也元善之長也中不忠不得其色下不共不得其飾事不善不得其極且夫易不可以占險三者有闕筮雖當未也後蒯果敗此可以見占法矣

象曰黃裳元吉文在中也文在中而見於外也○上六龍戰于野

其血玄黃陰盛之極至與陽爭兩敗俱傷其象如此占者如是其凶可知象曰龍戰于野其道窮也○用六利永貞用六言凡筮得陰爻者皆用六而不用八亦通例也以此卦純陰而居首故發之遇此卦而六爻俱變者其占如此辭蓋陰柔而不能固守變而爲陽則能永貞矣故戒占者以利永貞卽乾之利貞也自坤而變故不足於元亨云象曰用六永貞以大終也初陰後陽故曰大終○文言曰坤至柔而動也剛至靜而德方剛方釋牝馬之貞也方謂生物有常後得主而有常程傳曰主下當有利字含萬物而化光復明亨義○坤道其順乎承天而時行復明順承天之義此以上申彖傳之意○積善

之家必有餘慶積不善之家必有餘殃臣弑其君子弑其父非一朝一夕之故其所由來者漸矣由辯之不早辯也易曰履霜堅冰至蓋言順也（古字順愼通用按此當作愼言當辯之於微也）○直其正也方其義也君子敬以直內義以方外敬義立而德不孤直方大不習无不利則不疑其所行也（此以學而言之也正謂本體義謂裁制敬則本體之守也直內方外程傳備矣不孤言大也疑故習而後利不疑則何假於習○傳曰直言其正也方言其義也君子主敬以直其內守義以方其外敬立而內直義形而外方義形於外非在外也敬義既

立其德盛矣不期大而大矣德不孤也无所用而不周无所施而不利孰爲疑乎○陰雖有美含之以從王事弗敢成也地道也妻道也臣道也地道无成而代有終也○天地變化草木蕃天地閉賢人隱易曰括囊无咎无譽蓋言謹也○君子黄中通理黄中言中德在内釋黄字之義也正位居體雖在尊位而居下體釋裳字之義也美在美在其中其中而暢於四支發於事業美之至也復釋黄中暢於四支復釋居體○陰疑於陽必戰爲其嫌於无陽也故稱龍焉猶未離其類也故稱血焉

夫玄黃者天地之雜也天玄而地黃爲于僞反離力智反夫音扶○疑謂鈞敵而无小大之差也坤雖无陽然陽未嘗无也血陰屬蓋氣陽而陰也玄黃天地之正色言陰陽皆傷也○此以上申象傳之意

震下
坎上

屯元亨利貞勿用有攸往利建侯屯張倫反○震坎皆三畫卦之名震一陽動於二陰之下故其德爲動其象爲雷坎一陽陷於二陰之閒故其德爲陷爲險其象爲雲爲雨爲水屯六畫卦之名也難也物始生而未通之意故其爲字象屮穿地始出而未申也其卦以震遇坎乾坤始交而遇險陷故其名爲屯震動在下坎險在上是能動乎險中能動雖可以亨而在險則宜守正而未可遽進故筮得之者其占

爲大亨而利於正但未可遽有所往耳又初九陽居陰下而爲成卦之主是能以賢下人得民而可君之象故筮立君者遇之則吉也

○**彖曰屯剛柔始交而難生**難去聲六二象同○以二體釋卦名義始交謂震難生謂坎**動乎險中大亨貞**以二體之德釋卦辭動震之爲也險坎之地也自此以下釋元亨利貞乃用文王本意**雷雨之動滿盈天造草昧宜建侯而不寧**以二體之象釋卦辭雷震象雨坎象天造猶言天運草雜亂昧晦冥也陰陽交而雷雨作雜亂晦冥塞乎兩間天下未定名分未明宜立君以統治而未可遽謂安寧之時也不取初九爻義者取義多端姑舉其一也

○**象曰雲雷屯君子以經綸**坎不言水而言雲者未通之意經綸治絲之事經引之綸理之

也屯難之世君子有爲之時也○初九磐桓利居貞利建侯

磐步干反○磐桓難進之貌屯難之初以陽在下又居動體而上應陰柔險陷之爻故有磐桓之象然居得其正故其占利於居貞又本成卦之主以陽下陰爲民所歸侯之象也故其象又如此而占者如是則利建以爲侯也

象曰雖磐桓志行正也以貴下賤大得民也

下遐嫁反○六二屯如邅如乘馬班如匪寇婚媾女子貞不字十年乃字

邅張連反乘繩澄反又音繩○班分布不進之貌字許嫁也禮曰女子許嫁笄而字六二陰柔中正有應於上而乘初剛故爲所難而邅回不進然初非爲寇也乃求與已爲婚媾耳但已守正故不之許至於十年數窮理極則妄求者去正應者合而可許矣爻有

此象故因以戒占者象曰六二之難乘剛也十年乃字反常也○六三即鹿无虞惟入于林中君子幾不如舍往吝幾音機舍音捨象同○陰柔居下不中不正上无正應妄行取困爲逐鹿无虞陷入林中之象君子見幾不如舍去若往逐而不舍必致羞吝戒占者宜如是也象曰即鹿无虞以從禽也君子舍之往吝窮也○六四乘馬班如求婚媾往吉无不利陰柔居屯不能上進故爲乘馬班如之象然初九守正居下以應於己故其占爲下求婚媾則吉也象曰求而往明也○九五屯其膏小貞吉大貞凶九五雖以陽剛中正居尊位然當屯之時陷於險中雖有

六二正應而陰柔才弱不足以濟初九得民於下衆皆歸之九五坎體有膏潤而不得施爲屯其膏之象占者以處小事則守正猶可獲吉以處大事則雖正而不免於凶○象曰屯其膏施未光也施始豉反○上六乘馬班如泣血漣如陰柔无應處屯之終進无所之憂懼而已故其象如此象曰泣血漣如何可長也長直良反

䷃坎下艮上

蒙亨匪我求童蒙童蒙求我初筮告再三瀆瀆則不告利貞告音谷三息暫反瀆音獨○艮亦三畫卦之名一陽止於二陰之上故其德爲止其象爲山蒙昧也物生之初蒙昧未明也其卦以坎遇艮山下有

險蒙之地也內險外止蒙之意也故其名爲蒙亨以下占辭也九二內卦之主以剛居中能發人之蒙者而與六五陰陽相應故遇此卦者有亨道也我二也童蒙幼穉而蒙昧謂五也筮者明則人當求我而其亨在人筮者暗則我當求人而亨在我人求我者當視其可否而應之我求人者當致其精一而扣之而明者之養蒙與蒙者之自養又皆利於以正也

○彖曰蒙山下有險險而止蒙以卦象卦德釋卦名有兩義蒙亨以亨行時中也匪我求童蒙童蒙求我志應也初筮告以剛中也再三瀆瀆則不告瀆蒙也蒙以養正聖功也以卦體釋卦辭也九二以可亨之道發人之蒙而又得其時之中謂如下文所指之事皆以亨行而當其可也志應

者二剛明五柔暗故二不求五而五求二其志自相應也以剛中者以剛而中故能告而有節也瀆筮者二三則問者固瀆而告者亦瀆矣蒙以養正乃作聖之功所以釋利貞之義也○象曰山下出泉蒙君子以果行育德行下孟反六三象同○泉水之始出者必行而有漸也○初六發蒙利用刑人用說桎梏以往吝說吐活反桎音質梏古毒反○以陰居下蒙之甚也占者遇此當發其蒙然發之之道當痛懲而暫舍之以觀其後若遂往而不舍則致羞吝矣戒占者當如是也象曰利用刑人以正法也發蒙之初法不可不正懲戒所以正法也○九二包蒙吉納婦吉子克家九二以陽剛爲內卦之主統治羣陰當發蒙之任者然所治既廣物性不齊不

可一槩取必而爻之德剛而不過爲能有所包容之象又以陽受陰爲納婦之象又居下位而能任上事爲子克家之象故占者有其德而當其事則如是而吉也象曰子克家剛柔接也指二五之應○六三勿用取女見金夫不有躳无攸利取七具反○六三陰柔不中不正女之見金夫而不能有其身之象也占者遇之則其取女必得如是之人无所利矣金夫蓋以金賂己而挑之若魯秋胡之爲者象曰勿用取女行不順也順當作愼蓋順愼古字通用荀子順墨作愼墨且行不愼於經意尤親切今當從之○六四困蒙吝既遠於陽又无正應爲困於蒙之象占者如是可羞吝也能求剛明之德而親近之則可免矣象曰困蒙之吝獨遠實也遠于萬反實叶

韻去聲

○六五童蒙吉柔中居尊下應九二純一未發以聽於人故其象為童蒙而其占為如是則吉也

象曰童蒙之吉順以巽也

○上九擊蒙不利為寇利禦寇以剛居上治蒙過剛故為擊蒙之象然取必太過攻治太深則必反為之害惟捍其外誘以全其眞純則雖過於嚴密乃為得宜故戒占者如此凡事皆然不止為誨人也

象曰利用禦寇上下順也禦寇以剛上下皆得其道

䷄ 乾下坎上

需有孚光亨貞吉利涉大川需待也以乾遇坎乾健坎險以剛遇險而不遽進以陷於險待之義也孚信之在中者也其卦九五以坎體中實陽剛中

正而居尊位爲有孚得正之象坎水在前乾健臨之將涉水而不輕進之象故占者爲有所待而能有信則光亨矣若又得正則吉而利涉大川正固无所不利而涉川尤貴於能待則不欲速而犯難也

○彖曰需須也險在前也剛健而不陷其義不困窮矣此以卦德釋卦名義需有孚光亨貞吉位乎天位以正中也利涉大川往有功也以卦體及兩象釋卦辭○象曰雲上於天需君子以飲食宴樂上上聲樂音洛○雲上於天无所復爲待其陰陽之和而自雨爾事之當需者亦不容更有所爲但飲食宴樂俟其自至而已一有所爲則非需也○

初九需于郊利用恒无咎郊曠遠之地未近於險之象也而初

九陽剛又有能恒於其所之象故戒占者能如是則无咎也象曰需于郊不犯難行也利用恒无咎未失常也難去聲

○九二需于沙小有言終吉沙則近於險矣言語之傷亦災害之小者漸進近坎故有此象剛中能需故得終吉戒占者當如是也象曰需于沙衍在中也雖小有言以吉終也衍以善反衍寬意以寬居中不急進也

○九三需于泥致寇至泥將陷於險矣寇則害之大者九三去險愈近而過剛不中故其象如此象曰需于泥災在外也自我致寇敬慎不敗也外謂外卦敬慎不敗發明占外之占聖人示人之意切矣

○六四需于血出自穴血者殺傷之地

穴者險陷之所四交坎體入乎險矣故爲需于血之象然柔得其正需而不進故又爲出自穴之象占者如是則雖在傷地而終得出也象曰需于血順以聽也○九五需于酒食貞吉酒食宴樂之具言安以待之九五陽剛中正需于尊位故有此象占者如是而貞固則得吉也象曰酒食貞吉以正中也○上六入于穴有不速之客三人來敬之終吉陰居險極无復有需有陷而入穴之象下應九三九三與下二陽需極並進爲不速之客三人之象柔不能禦而能順之有敬之之象占者當陷險中然於非意之來敬以待之則得終吉也象曰不速之客來敬之終吉雖不當位未大失也當都浪反後凡言當位不當位者倣此○

以陰居上是爲當位言不當位未詳

䷅ 坎下乾上

訟有孚窒惕中吉終凶利見大人不利涉大川窒張栗反○訟爭辯也上乾下坎乾剛坎險上剛以制其下下險以伺其上又爲內險而外健又爲已險而彼健皆訟之道也九二中實上无應與又爲加憂且於卦變自遯而來爲剛來居二而當下卦之中有有孚而見窒能懼而得中之象上九過剛居訟之極有終極其訟之象九五剛健中正以居尊位有大人之象以剛乘險以實履陷有不利涉大川之象故戒占者必有爭辯之事而隨其所處爲吉凶也

○象曰訟上剛下險險而健訟以卦德釋卦名義

訟有孚窒惕中

吉剛來而得中也終凶訟不可成也利見大
人尚中正也不利涉大川入于淵也以卦變卦體卦象釋卦辭○象曰天與水違行訟君子以作事謀
始天上水下其行相違作事謀始訟端絕矣○初六不永所事小
有言終吉陰柔居下不能終訟故其象占如此象曰不永所事
訟不可長也雖小有言其辯明也○九二不
克訟歸而逋其邑人三百戶无眚逋補吳反眚生領反
○九二陽剛爲險之主本欲訟者也然以剛居柔得下之中而上應九五陽剛居尊勢不可敵故其象占如此邑人三百戶邑之小者言自處卑約以免災患占者如是則无眚矣

象曰不克訟歸逋竄也自下訟上患至掇也竄七亂反掇都活反掇自取也○六三食舊德貞厲終吉或從王事无成食猶食邑之食言所享也六三陰柔非能訟者故守舊居正則雖危而終吉然或出而從上之事則亦必无成功占者守常而不出則善也象曰食舊德從上吉也從上吉謂隨人則吉明自主事則无成功也九四不克訟復即命渝安貞吉○渝以朱反即就也命正理也渝變也九四剛而不中故有訟象以其居柔故又爲不克而復就正理渝變其心安處於正之象占者如是則吉也象曰復即命渝安貞不失也○九五訟元吉陽剛中正以居尊位聽訟而得其平者也占者遇之

訟而有理必獲伸矣

象曰訟元吉以中正也

中則聽不偏正則斷合理

○上九或錫之鞶帶終朝三褫之

褫敕紙反○鞶帶命服之飾褫奪也以剛居訟極終訟而能勝之故有錫命受服之象然以訟得之豈能安久故又有終朝三褫之象其占爲終訟无理而或取勝然其所得終必失之聖人爲戒之意深矣

象曰以訟受服亦不足敬也

䷆ 坎下坤上

師貞丈人吉无咎

師兵衆也下坎上坤坎險坤順坎水坤地古者寓兵於農伏至險於大順藏不測於至靜之中又卦唯九二一陽居下卦之中爲將之象上下五陰順而從之爲衆之象九二以剛居下而用事六五以柔居上而任之爲人君命將出

師之象故其卦之名曰師丈人長老之稱用
師之道利於得正而任老成之人乃得吉而
无咎戒占者
亦必如是也

○彖曰師衆也貞正也能以衆
正可以王矣王往況反○此以卦體釋師貞
之義以謂能左右之也一陽在
下之中而五陰皆爲所以也
能以衆正則王者之師矣
剛中而應行險
而順以此毒天下而民從之吉又何咎矣又以
卦體卦德釋丈人吉无咎之義剛中謂九二
應謂六五應之行險謂行危道順謂順人心
此非有老成之德者不能也毒害也師旅之
興不无害於天下然以其有是才德是以民
悅而從
之也

○象曰地中有水師君子以容民畜
衆畜許六反○水不外於地兵不外
於民故能養民則可以得衆矣

○初六

師出以律否臧凶律法也否臧謂不善也晁氏曰否字先儒多作不是也在卦之初爲師之始出師之道當謹其始以律則吉不臧則凶戒占者當謹始而守法也

象曰師出以律失律凶也

○九二在師中吉无咎王三錫命九二在下爲衆陰所歸而有剛中之德上應於五而爲所寵任故其象占如此

象曰在師中吉承天寵也王三錫命懷萬邦也

○六三師或輿尸凶輿尸謂師徒撓敗輿尸而歸也以陰居陽才弱志剛不中不正而犯非其分故其象占如此

象曰師或輿尸大无功也

○六四師左次无咎左次謂退舍也陰柔不中而居陰得正故其象如此全師以退賢於六三遠矣故其占如此

象曰左次无咎未失常也知難而退師之常也○六五田有禽利執言无咎長子帥師弟子輿尸貞凶長之丈反○六五用師之主柔順而中不爲兵端者也敵加於已不得已而應之故爲田有禽之象而其占利以搏執而无咎也言語辭也長子九二也弟子三四也又戒占者專於委任名使君子任事而又使小人參之則是使之輿尸而歸故雖貞而亦不免於凶也象曰長子帥師以中行也弟子輿尸使不當也當去聲○上六大君有命開國承家小人勿用師之終順之極論功行賞之時也坤爲土故有開國承家之象然小人則雖有功亦不可使之得有爵土但優以金帛可也戒行賞之人於小人則不可用此占而小人

遇之亦不得用此文也。象曰：大君有命，以正功也。小人勿用，必亂邦也。聖人之戒深矣。

☵☷ 坤下坎上

比：吉。原筮元永貞，无咎。不寧方來，後夫凶。比毗意反。○比，親輔也。九五以陽剛居上之中而得其正，上下五陰比而從之，以一人而撫萬邦，以四海而仰一人之象。故筮者得之，則當爲人所親輔。然必再筮以自審，有元善長永正固之德，然後可以當衆之歸而无咎。其未比而有所不安者，亦將皆來歸之。若又遲而後至，則此交已固，彼來已晚，而得凶矣。若欲比人，則亦以是而反觀之耳。○象曰：比，吉也，此三字疑衍文。比，輔也，下順從也。此以卦體釋卦名義。

原筮元永貞无咎以剛中也不寧方來上下應也後夫凶其道窮也亦以卦體釋卦辭剛中謂五上下謂五陰

○象曰地上有水比先王以建萬國親諸侯地上有水水比於地不容有閒建國親侯亦先王所以比於天下而无閒者也象意人來比我此取我往比人

○初六有孚比之无咎有孚盈缶終來有他吉缶俯九反他湯何反○比之初貴乎有信則可以无咎矣若其充實則又有他吉也

象曰比之初六有他吉也

○六二比之自內貞吉柔順中正上應九五自內比外而得其貞吉之道也占者如是則正而吉矣

象曰比之自內不自失也得正則不自失

矣○六三比之匪人陰柔不中正承乘應皆陰所比皆非其人之象其占大凶不言可知象曰比之匪人不亦傷乎○六四外比之貞吉以柔居柔外比九五為得其正吉之道也占者如是則正而吉矣象曰外比於賢以從上也○九五顯比王用三驅失前禽邑人不誡吉一陽居尊剛健中正卦之羣陰皆來比已顯其比而无私如天子不合圍開一面之網來者不拒去者不追故為用三驅失前禽而邑人不誡之象蓋雖私屬亦喻上意不相警備以求必得也凡此皆吉之道占者如是則吉也象曰顯比之吉位正中也舍逆取順失前禽也邑人不誡上使中也舍音捨○由上之德使不

偏也

○上六 **比之无首凶** 陰柔居上无以比下凶之道也故爲无首之象而其占則凶也

象曰比之无首无所終也 以上下之象言之則爲无首以終始之象言之則爲无終无首則无終矣

☴☰ 乾下 巽上

小畜 **亨密雲不雨自我西郊** 畜敕六反大畜卦同○巽亦三畫卦之名一陰伏於二陽之下故其德爲巽爲入其象爲風爲木小陰也畜止之之義也上巽下乾以陰畜陽又卦唯六四一陰上下五陽皆爲所畜故爲小又以陰畜陽能係而不能固亦爲所畜者小之象內健外巽二五皆陽各居一卦之中而用事有剛而能中其志得行之象故其占當得亨通然畜未極而施未行故有密雲不雨自我西郊之象蓋

密雲陰物西郊陰方我者文王自我也文王演易於羑里視岐周爲西方正小畜之時也筮者得之則占亦如其象云

○彖曰小畜柔得位而上下應之曰小畜以卦體釋卦名義柔指六居四上下謂五陽得位健而巽剛中而志行乃亨以卦德卦體而言陽猶可亨也密雲不雨尚往也自我西郊施未行也施始豉反尚往言畜之未極其氣猶上進也

○象曰風行天上小畜君子以懿文德風有氣而无質能畜而不能久故爲小畜之象懿文德言未能厚積而遠施也

○初九復自道何其咎吉○復芳六反二爻同下卦乾體本皆在上之物志欲上進而爲陰所畜然初九體乾居下得正前遠於陰雖與四爲正應而能

自守以正不爲所畜故有進復自道之象占者如是則无咎而吉也象曰復自道其義吉也○九二牽復吉三陽志同而九二漸近於陰以其剛中故能與初九牽連而復亦吉道也占者如是則吉矣象曰牽復在中亦不自失也亦者承上爻義○九三輿說輻夫妻反目說吐活反○九三亦欲上進然剛而不中迫近於陰而又非正應但以陰陽相說而爲所係畜不能自進故有輿說輻之象然以志剛故又不能平而與之爭故又爲夫妻反目之象戒占者如是則不得進而有所爭也象曰夫妻反目不能正室也程子曰說輻反目三自爲也○六四有孚血去惕出无咎去上聲○以一陰畜衆陽本有傷害憂懼以其柔順得正虛中巽體

二陽助之是有孚而血去惕出之象也无咎宜矣故戒占者亦有其德則无咎也象曰有孚惕出上合志也○九五有孚攣如富以其鄰攣力專反○巽體三爻同力畜乾鄰之象也而九五居中處尊勢能有爲以兼乎上下故爲有孚攣固用富厚之力而以其鄰之象以猶春秋以某師之以言能左右之也占者有孚則能如是也象曰有孚攣如不獨富也○上九既雨既處尚德載婦貞厲月幾望君子征凶幾音機歸妹卦同○畜極而成陰陽和矣故爲既雨既處之象蓋尊尚陰德至於積滿而然也陰加於陽故雖正亦厲然陰既盛而抗陽則君子亦不可以有行矣其占如此爲戒深矣象曰既雨既處德積載也君子征凶

有所疑也

䷉ 兌下乾上

履虎尾不咥人亨咥直結反○兌亦三畫卦之名一陰見於二陽之上故其德爲說其象爲澤履有所躡而進之義也以兌遇乾和說以躡剛强之後有履虎尾而不見傷之象故其卦爲履而占如是也人能如是則處危而不傷矣○彖曰履柔履剛也以二體釋卦名義說而應乎乾是以履虎尾不咥人亨說音悅○以卦德釋彖辭剛中正履帝位而不疚光明也又以卦體明之指九五也○象曰上天下澤履君子以辯上下定民志程傳備矣○傳曰天在上澤居

下上下之正理也人之所履當如是故取其象而爲履君子觀履之象以辯別上下之分以定其民志夫上下之分明然後民志有定民志定然後可以言治民志不定天下不可得而治也古之時公卿大夫而下位各稱其德終身居之得其分也位未稱德則君舉而進之士脩其學學至而君求之皆非有預於已也農工商賈勤其事而所享有限故皆有定志而天下之心可一後世自庶士至於公卿日志於尊榮農工商賈日志於富侈億兆之心交騖於利天下紛然如之何其可一也欲其不亂難矣此由上下无定志也君子觀履之象而分辯上下使各當其分以定民之心志也○初九素履往无咎以陽在下居履之初未爲物遷率其素履者也占者如是則往而无咎也象曰素履之往獨行願也○九二履道坦坦幽人

貞吉剛中在下无應於上故爲履道平坦幽獨守貞之象幽人履道而遇其占則貞而吉矣象曰幽人貞吉中不自亂也○六三眇能視跛能履履虎尾咥人凶武人爲于大君跛波我反○六三不中不正柔而志剛以此履乾必見傷害故其象如此而占者凶又爲剛武之人得志而肆暴之象如秦政項籍豈能久也象曰眇能視不足以有明也跛能履不足以與行也咥人之凶位不當也武人爲于大君志剛也○九四履虎尾愬愬終吉愬山革反音色○九四亦以不中不正履九五之剛然以剛居柔故能戒懼而得終吉象曰愬愬終吉志行也○九

五夬履貞厲夬古快反○九五以剛中正履帝位而下以兌說應之凡事必行无所疑礙故其象爲夬決其履雖使得正亦危道也故其占爲雖正而危爲戒深矣

象曰夬履貞厲位正當也傷於所恃○上九視履考祥其旋元吉視履之終以考其祥周旋无虧則得元吉占者禍福視其所履而未定也

象曰元吉在上大有慶也若得元吉則大有福慶也

乾下坤上

泰小往大來吉亨泰通也爲卦天地交而二氣通故爲泰正月之卦也小謂陰大謂陽言坤往居外乾來居內又自歸妹來則六往居四九來居三也占者有陽

剛之德則吉而亨矣○象曰泰小往大來吉亨則是天
地交而萬物通也上下交而其志同也內陽
而外陰內健而外順內君子而外小人君子
道長小人道消也〔長丁丈反否卦同〕○象曰天地交
泰后以財成天地之道輔相天地之宜以左
右民〔財裁同相息亮反左音佐右音佑財成以制其過輔相以補其不及〕○○
初九拔茅茹以其彙征吉〔茹人余反彙于位反音胃否卦同〕○
〔三陽在下相連而進拔茅連茹之象征行之吉也占者陽剛則其征吉矣郭璞洞林讀至
彙字絕句下卦放此〕象曰拔茅征吉志在外也○九二

包荒用馮河不遐遺朋亡得尚于中行馮音憑○九二以剛居柔在下之中上有六五之應主乎泰而得中道者也占者能包容荒穢而果斷剛決不遺遐遠而不昵朋比則合乎此爻中行之道矣象曰包荒得尚于中行以光大也○九三无平不陂无往不復艱貞无咎勿恤其孚于食有福將過於中泰將極而否欲來之時也恤憂也孚所期之信也戒占者艱難守貞則无咎而有福象曰无往不復天地際也○六四翩翩不富以其鄰不戒以孚已過乎中泰已極矣故三陰翩然而下復不待富而其類從之不待戒令而信也其占爲有小人合交以害正道君子所當戒也陰虛陽實故凡言不富者皆

陰爻也。象曰：翩翩不富，皆失實也。不戒以孚，中心願也。陰本居下，在上爲失實。

○六五：帝乙歸妹以祉，元吉。以陰居尊，爲泰之主，柔中虛己，下應九二，吉之道也。而帝乙歸妹之時，亦嘗占得此爻。占者如是，則有祉而元吉矣。凡經以古人爲言，如高宗、箕子之類者，皆放此。

象曰：以祉元吉，中以行願也。

○上六：城復于隍，勿用師，自邑告命，貞吝。復，房六反，下同。○泰極而否，城復于隍之象。戒占者不可力爭，但可自守，雖得其貞，亦不免於羞吝。

象曰：城復于隍，其命亂也。命亂故復否，告命所以治之也。○治，平聲。

䷋ 坤下乾上

否之匪人不利君子貞大往小來 ○ 否備鄙反 否閉塞也七月之卦也正與泰反故曰匪人謂非人道也其占不利於君子之正道蓋乾往居外坤來居內又自漸卦而來則九往居四六來居三也或疑之匪人三字衍文由比六三而誤也傳不特解其義亦可見 ○ 彖曰否之匪人不利君子貞大往小來則是天地不交而萬物不通也上下不交而天下无邦也內陰而外陽內柔而外剛內小人而外君子小人道長君子道消也 ○ 象曰天地不交否君子以儉德辟難不可榮以祿 辟音避難去聲 ○ 收斂其德不形於外以避小人之難人不得

以祿位榮之○初六拔茅茹以其彙貞吉亨三陰在下當否之時小人連類而進之象而初之惡則未形也故戒其貞則吉而亨蓋能如是則變而爲君子矣象曰拔茅貞吉志在君也小人而變爲君子則能以愛君爲念而不計其私矣○六二包承小人吉大人否亨陰柔而中正小人而能包容承順乎君子之象小人之吉道也故占者小人如是則吉大人則當安守其否而後道亨蓋不可以彼包承於我而自失其守也象曰大人否亨不亂羣也言不亂於小人之羣○六三包羞以陰居陽而不中正小人志於傷善而未能也故爲包羞之象然以其未發故无凶咎之戒象曰包羞位不當也○九四有命无咎疇離

祉否過中矣將濟之時也九四以陽居陰不極其剛故其占爲有命无咎而疇類三陽皆獲其福也命謂天命象曰有命无咎志行也○九五休否大人吉其亡其亡繫于苞桑苞與包同古易作包○陽剛中正以居尊位能休時之否大人之事也故此爻之占大人遇之則吉然又當戒懼如繫辭傳所云也象曰大人之吉位正當也○上九傾否先否後喜以陽剛居否極能傾時之否者也其占爲先否後喜象曰否終則傾何可長也

䷌

離下
乾上

同人于野亨利涉大川利君子貞離亦三畫卦之名一

陰麗於二陽之閒故其德爲麗爲文明其象爲火爲日爲電同人人與人同也以離遇乾火上同於天六二得位得中而上應九五又卦唯一陰而五陽同與之故爲同人于野謂曠遠而无私也有亨道矣以健而行故能涉川爲卦內文明而外剛健六二中正而有應則君子之道也占者能如是則亨而又可涉險然必其所同合於君子之道乃爲利也○

彖曰同人柔得位得中而應乎乾曰同人以卦體釋卦名義柔謂六二乾謂九五同人曰衍文同人于野亨利涉大川乾行也文明以健中正而應君子正也唯君子爲能通天下之志以卦德卦體釋卦辭通天下之志乃爲大同不然則是私情之合而已何以致亨而利涉哉○象曰天與

火同人君子以類族辨物天在上而火炎上其性同也類族辨物所以審異而致同也○初九同人于門无咎同人之初未有私主以剛在下上无係應可以无咎故其象占如此象曰出門同人又誰咎也○六二同人于宗吝宗黨也六二雖中且正然有應於上不能大同而係於私吝之道也故其象占如此象曰同人于宗吝道也○九三伏戎于莽升其高陵三歲不興莽莫蕩反○剛而不中上无正應欲同於二而非其正懼九五之見攻故有此象曰伏戎于莽敵剛也三歲不興安行也言不能行○九四乘其墉弗克攻吉墉音庸○剛不中正又无應與亦欲

同於六二而爲三所隔故爲乘墉以攻之象然以剛居柔故有自反而不克攻之象占者如是則是能改過而得吉也象曰乘其墉義弗克也其吉則困而反則也乘其墉矣則非其力之不足也特以義之弗克而不攻耳能以義斷困而反於法則故吉也○九五同人先號咷而後笑大師克相遇○號戸羔反咷道刀反旅卦同五剛中正二以柔中正相應於下同心者也而爲三四所隔不得其同然義理所同物不得而間之故有此象然六二柔弱而三四剛強故必用大師以勝之然後得相遇也象曰同人之先以中直也大師相遇言相克也直謂理直○上九同人于郊无悔居外无應物莫與同然亦可以无悔故其象占如此郊在

野之內未至於曠遠但荒僻无與同耳○象曰同人于郊志未得也

☲☰ 乾下離上

大有元亨大有所有之大也離居乾上火在天上无所不照又六五一陰居尊得中而五陽應之故爲大有乾健離明居尊應天有亨之道占者有其德則大善而亨也

○彖曰大有柔得尊位大中而上下應之曰大有以卦體釋卦名義柔謂六五上下謂五陽其德剛健而文明應乎天而時行是以元亨以卦德卦體釋卦辭應天指六五也

○象曰火在天上大有君子以遏惡揚善順

天休命火在天上所照者廣爲大有之象所有既大无以治之則釁蘖萌於其閒矣天命有善而无惡故遏惡揚善所以順天反之於身亦若是而已矣○初九无交害匪咎艱則无咎雖當大有之時然以陽居下上无係應而在事初未涉乎害者也何咎之有然亦必艱以處之則无咎戒占者宜如是也象曰大有初九无交害也○九二大車以載有攸往无咎剛中在下得應乎上爲大車以載之象有所往而如是可以无咎矣占者必有此德乃應其占也象曰大車以載積中不敗也○九三公用亨于天子小人弗克亨春秋傳作享謂朝獻也古者亨通之亨享獻之享亨烹飪之亨烹皆作亨字九三居下之上公侯之象剛而得正上有

六五之君虛中下賢故爲亨于天子之象占者有其德則其占如是小人无剛正之德則雖得此爻不能當也

象曰公用亨于天子小人害也

○九四匪其彭无咎

彭蒲光反音旁○彭字音義未詳程傳曰盛貌理或當然六五柔中之君九四以剛近之有僭逼之嫌然以其處柔也故有不極其盛之象而得无咎戒占者宜如是也

象曰匪其彭无咎明辨晳也

晳明貌

○六五厥孚交如威如吉

大有之世柔順而中以處尊位虛已以應九二之賢而上下歸之是其孚信之交也然君道貴剛太柔則廢當以威濟之則吉故其占如此亦戒辭也

象曰厥孚交如信以發志也

一人之信足以發上下之志也

威如之吉易而无備也

易以豉反

之而无畏備之心○太柔則人將易○上九自天祐之吉无不利大有之世以剛居上而能下從六五是能履信思順而尚賢也滿而不溢故其占如此

象曰大有上吉自天祐也

䷎ 艮下坤上

謙亨君子有終謙者有而不居之義止乎內而順乎外謙之意也山至高而地至卑乃屈而止於其下謙之象也占者如是則亨通而有終矣有終謂先屈而後伸也

○象曰謙亨天道下濟而光明地道卑而上行上時掌反言謙之必亨天道虧盈而益謙地道變盈而流謙鬼神害盈而福謙人道惡盈而好

謙謙尊而光卑而不可踰君子之終也惡烏路反

好呼報反○變謂傾壞流謂聚而歸之人能謙則其居尊者其德愈光其居卑者人亦莫能過此君子所以有終也○

象曰地中有山謙君子以裒多益寡稱物平施

裒蒲侯反稱尺証反施始鼓反○以卑蘊高謙之象也裒多益寡所以稱物之宜而平其施損高增卑以趣於平亦謙之意也○

初六謙謙君子用涉大川吉

以柔處下謙之至也君子之行也以此涉難何往不濟故占者如是則利以涉川也

象曰謙謙君子卑以自牧也○

六二鳴謙貞吉

柔順中正以謙有聞正而且吉者也故其占如此

象曰鳴謙貞吉中心得也○

九三勞謙

君子有終吉。卦唯一陽居下之上，剛而得正，上下所歸，有功勞而能謙，尤人所難，故有終而吉。占者如是，則如其應矣。象曰：勞謙君子，萬民服也。○六四：无不利，撝謙。撝，呼回反，與揮同。○柔而得正，上而能下，其占无不利矣。然居九三之上，故戒以更當發揮其謙，以示不敢自安之意也。象曰：无不利撝謙，不違則也。言不爲過。○六五：不富以其鄰，利用侵伐，无不利。以柔居尊，在上而能謙者也，故爲不富而能以其鄰之象。蓋從之者衆矣，猶有未服者，則利以征之，而於他事亦无不利。人有是德，則如其占也。象曰：利用侵伐，征不服也。○上六：鳴謙，利用行師征邑國。謙極有聞，人之所與，故可用行師，然以其質柔

而无位故可以征已之邑國而已象曰鳴謙志未得也可用行師征邑國也陰柔无位才力不足故其志未得而至於行師然亦適足以治其私邑而已

☷☳ 坤下震上

豫利建侯行師豫和樂也人心和樂以應其上也九四一陽上下應之其志得行又以坤遇震爲順以動故其卦爲豫而其占利以立君用師也○彖曰豫剛應而志行順以動豫以卦體卦德釋卦名義豫順以動故天地如之而況建侯行師乎以卦德釋卦辭天地以順動故日月不過而四時不忒聖人

以順動則刑罰清而民服豫之時義大矣哉極言之而贊其大也

○象曰雷出地奮豫先王以作樂崇德殷薦之上帝以配祖考雷出地奮和之至也先王作樂既象其聲又取其義殷盛也

○初六鳴豫凶陰柔小人上有强援得時主事故不勝其豫而以自鳴凶之道也故其占如此卦之得名本爲和樂然卦辭爲衆樂之義爻辭除九四與卦同外皆爲自樂所以有吉凶之異

象曰初六鳴豫志窮凶也窮謂滿極

○六二介于石不終日貞吉豫雖主樂然易以溺人溺則反而憂矣卦獨此爻中而得正是上下皆溺於豫而獨能以中正自守其介如石也其德安靜而堅確故其思慮明審不俟終日而見凡事之幾微也

大學曰安而后能慮慮而后能得意正如此占者如是則正而吉矣象曰不終日貞吉以中正也○六三盱豫悔遲有悔盱況于反○盱上視也陰不中正而近於四四為卦主故六三上視於四而下溺於豫宜有悔者也故其象如此而其占為事當速悔若悔之遲則必有悔也象曰盱豫有悔位不當也○九四由豫大有得勿疑朋盍簪○簪側林反○九四卦之所由以為豫者也故其象如此而其占為大有得然又當至誠不疑則朋類合而從之矣故又因而戒之簪聚也又速也象曰由豫大有得志大行也○六五貞疾恒不死當豫之時以柔居尊沈溺於豫又乘九四之剛衆不附而處勢危故為貞疾之象然以其得中故又為恒

不死之象卽象而觀占在其中矣象曰六五貞疾乘剛也恒不死中未亡也○上六冥豫成有渝无咎渝以朱反○以陰柔居豫極爲昏冥於豫之象以其動體故又爲其事雖成而能有渝之象戒占者如是則能補過而无咎所以廣遷善之門也象曰冥豫在上何可長也

䷐震下兌上

隨元亨利貞无咎隨從也以卦變言之本自困卦九來居初又自噬嗑九來居五而自未濟來者兼此二變皆剛來隨柔之義以二體言之爲此動而彼說亦隨之義故爲隨己能隨物物來隨己彼此相從其通易矣故其占爲元亨然必利於貞乃得

无咎若所隨不貞則雖大亨而不免於有咎矣春秋傳穆姜曰有是四德隨而无咎我皆无之豈隨也哉今按四德雖非本義然其下云云深得占法之意○彖曰隨剛來而下柔動而說隨下遐嫁反說音悅○以卦變卦德釋卦名義大亨貞无咎而天下隨時王肅本時作之今當從之釋卦辭言能如是則天下之所從也隨時之義大矣哉王肅本時字在之字下今當從之○彖曰澤中有雷隨君子以嚮晦入宴息雷藏澤中隨時休息○初九官有渝貞吉出門交有功卦以物隨爲義爻以隨物爲義初九以陽居下爲震之主卦之所以爲隨者也既有所隨則有所偏主而變其常矣惟得其正則吉又當出門以交不私其隨則有功也

故其象占如此亦因以戒之象曰官有渝從正吉也出門交有功不失也○六二係小子失丈夫初陽在下而近五陽正應而遠二陰柔不能自守以須正應故其象如此凶吝可知不假言矣象曰係小子弗兼與也○六三係丈夫失小子隨有求得利居貞丈夫謂九四小子亦謂初也三近係四而失於初其象與六二正相反四陽當任而已隨之有求必得然非正應故有不正而為邪媚之嫌故其占如此而又戒以居貞也象曰係丈夫志舍下也舍音捨○九四隨有獲貞凶有孚在道以明何咎九四以剛居上之下與五同德故其占隨而有獲然勢陵於五故雖正而凶惟有孚在道而明

則上安而下從之可以无咎也占者當時之任宜審此戒象曰隨有獲其義凶也有孚在道明功也○九五孚于嘉吉陽剛中正下應中正是信于善也占者如是其吉宜矣象曰孚于嘉吉位正中也○上六拘係之乃從維之王用亨于西山居隨之極隨之固結而不可解者也誠意之極可通神明故其占為王用亨于西山亨亦當作祭亨之亨自周而言岐山在西凡筮祭山川者得之其誠意如是則吉也象曰拘係之上窮也窮極也

䷑ 巽下艮上

蠱元亨利涉大川先甲三日後甲三日先息薦反

後胡豆反○蠱壞極而有事也其卦艮剛居上巽柔居下上下不交下卑巽而上苟止故其卦爲蠱或曰剛上柔下謂卦變自賁來者初上二下自井來者五上上下自既濟來者兼之亦剛上而柔下皆所以爲蠱也蠱壞之極亂當復治故其占爲元亨而利涉大川甲日之始事之端也先甲三日辛也後甲三日丁也前事過中而將壞則可自新以爲後事之端而不使至於大壞後事方始而尚新然更當致其丁寧之意以監其前事之失而不使至於速壞聖人之戒深也○彖曰蠱剛上而柔下巽而止蠱以卦體卦變卦德釋卦名義蓋如此則積弊而至於蠱矣蠱元亨而天下治也利涉大川往有事也先甲三日後甲三日終則有始天行也釋卦辭治蠱至於元亨則亂而復治

之象也亂之終治之始天運然也○象曰山下有風蠱君子以振民育德山下有風物壞而有事矣而事莫大於二者乃治己治人之道也○初六幹父之蠱有子考无咎厲終吉幹如木之幹枝葉之所附而立者也蠱者前人已壞之緒故諸爻皆有父母之象子能幹之則飭治而振起矣初六蠱未深而事易濟故其占爲有子則能治蠱而考得无咎然亦危矣戒占者宜如是又知危而能戒則終吉也象曰幹父之蠱意承考也○九二幹母之蠱不可貞九二剛中上應六五子幹母蠱而得中之象以剛承柔而治其壞故又戒以不可堅貞言當巽以入之也象曰幹母之蠱得中道也○九三幹父之蠱小有悔

无大咎過剛不中故小有悔巽體得正故无大咎象曰幹父之蠱
終无咎也○六四裕父之蠱往見吝以陰居陰不能
有爲寬裕以治蠱之象也如是則蠱將日深故往則見吝戒占者不可如是也象曰
裕父之蠱往未得也○六五幹父之蠱用譽
柔中尊而九二承之以德以此幹蠱可致聞譽故其象占如此象曰幹父
用譽承以德也○上九不事王侯高尚其事
剛陽居上在事之外故爲此象而占與戒皆在其中矣象曰不事王侯
志可則也

䷒ 兌下坤上

臨元亨利貞至于八月有凶 臨進而淩逼於物也二陽浸長以逼於陰故爲臨十二月之卦也又其爲卦下兌說上坤順九二以剛居中上應六五故占者大亨而利於正然至于八月當有凶也八月謂自復卦一陽之月至于遯卦二陰之月陰長陽遯之時也或曰八月謂夏正八月於卦爲觀亦臨之反對也又因占而戒之

○彖曰臨剛浸而長 長丁丈反○以卦體釋卦名 說而順剛中而應 說音悅○又以卦德卦體言卦之善 大亨以正天之道也 當剛長之時又有此善故其占如此也 至于八月有凶消不久也 言雖天運之當然然君子宜知所戒

○象曰澤上有地臨君子以教思无窮容保民无疆 思去聲○地臨於澤

上臨下也二者皆臨下之事教之无窮者兌也容之无疆者坤也○初九咸臨卦唯二陽徧臨四陰故二爻皆有咸臨之象初九剛而得正故其占爲貞吉臨貞吉象曰咸臨貞吉志行正也○九二咸臨吉无不利剛得中而勢上進故其占吉而无不利也象曰咸臨吉无不利未順命也未詳○六三甘臨无攸利既憂之无咎陰柔不中正而居下之上爲以甘說臨人之象其占固无所利然能憂而改之則无咎也勉人遷善爲教深矣象曰甘臨位不當也既憂之咎不長也○六四至臨无咎處得其位下應初九相臨之至宜无咎者也象曰至臨无咎位當也○六五知

臨大君之宜吉知音智○以柔居中下應九二不自用而任人乃知之事而大君之宜吉之道也象曰大君之宜行中之謂也○

上六敦臨吉无咎居卦之上處臨之終敦厚於臨吉而无咎之道也故其象占如此象曰敦臨之吉志在內也

䷓坤下巽上

觀盥而不薦有孚顒若觀官奐反下大觀以觀之觀大象觀字並同○觀者有以示人而爲人所仰也九五居上上四陰仰之又內順外巽而九五以中正示天下所以爲觀盥將祭而潔手也薦奉酒食以祭也顒然尊敬之貌言致其潔清而不輕自用則其孚信在中而顒然可仰戒占者當如是也或曰有孚顒若謂在下之人信而仰

之也此卦四陰長而二陽消正爲八月之卦而名卦繫辭更取他義亦扶陽抑陰之意

○象曰大觀在上順而巽中正以觀天下以卦體卦德釋卦名義

觀盥而不薦有孚顒若下觀而化也觀如字下觀天大象觀民之觀六爻觀字並同○釋卦辭

觀天之神道而四時不忒聖人以神道設教而天下服矣極言觀之道也四時不忒天之所以爲觀也神道設教聖人之所以爲觀也

○象曰風行地上觀先王以省方觀民設教省悉井反

○省方以觀民設教以爲觀

○初六童觀小人无咎君子吝卦以觀示爲義據九五爲主也爻以觀瞻爲義皆觀乎九五也初六陰柔在下不能

遠見童觀之象小人之道君子之羞也故其占在小人則无咎君子得之則可羞矣象曰初六童觀小人道也○六二闚觀利女貞陰柔居內而觀乎外闚觀之象女子之正也故其占如此丈夫得之則非所利矣象曰闚觀女貞亦可醜也在丈夫則爲醜也○六三觀我生進退我生我之所行也六三居下之上可進可退故不觀九五而獨觀已所行之通塞以爲進退占者宜自審也象曰觀我生進退未失道也○六四觀國之光利用賓于王六四最近於五故有此象其占爲利於朝覲仕進也象曰觀國之光尚賓也○九五觀我生君子无咎九五陽剛中正以居尊位其下四陰仰而

觀之君子之象也故戒居此位得此占者當觀己所行必其陽剛中正亦如是焉則得无咎也象曰觀我生觀民也此夫子以義言之明人君觀己所行不但一身之得失又當觀民德之善否以自省察也○上九觀其生君子无咎上九陽剛居尊位之上雖不當事任而亦為下所觀故其戒辭略與五同但以我為其小有主賓之異耳象曰觀其生志未平也志未平言雖不得位未可忘戒懼也

䷔

噬嗑震下離上

噬嗑亨利用獄噬市利反嗑胡臘反○噬齧也嗑合也物有間者齧而合之也為卦上下兩陽而中虛頤口之象九四一陽間於其中必齧之而後合故為噬嗑其

占當得亨通者有間故不通齧之而合則亨通矣又三陰三陽剛柔中半下動上明下雷上電本自益卦六四之柔上行以至於五而得其中是以陰居陽雖不當位而利用獄蓋治獄之道唯威與明而得其中之爲貴故筮得之者有其德則應其占也○彖曰頤中有物曰噬嗑以卦體釋卦名義噬嗑而亨剛柔分動而明雷電合而章柔得中而上行雖不當位利用獄也上時掌反○又以卦名卦體卦德二象卦變釋卦辭○

象曰雷電噬嗑先王以明罰勑法雷電當作電雷○

初九屨校滅趾无咎校音教○初上无位爲受刑之象中四爻爲用刑之象初在卦始罪薄過小又在卦下故爲屨校滅趾之象止惡於初故得无咎占者小

傷而无咎也象曰屨校滅趾不行也滅趾又有不進於惡之象

○六二噬膚滅鼻无咎祭有膚鼎蓋肉之柔脆噬而易嗑者六二中正故其所治如噬膚之易然以柔乘剛故雖甚易亦不免於傷滅其鼻占者雖傷而終无咎也象曰噬膚滅鼻乘剛也

○六三噬腊肉遇毒小吝无咎腊音昔○腊肉謂獸腊全體骨而爲之者堅韌之物也陰柔不中正治人而人不服爲噬腊遇毒之象占雖小吝然時當噬嗑於義爲无咎也象曰遇毒位不當也

○九四噬乾胏得金矢利艱貞吉乾音干胏緇美反○胏肉之帶骨者與胾通周禮獄訟入鈞金束矢而後聽之九四以剛居柔得用刑之道故有此象言所噬愈堅而得聽訟之宜也然必利於艱

難正固則吉戒占者宜如是也象曰利艱貞吉未光也○六五噬乾肉得黃金貞厲无咎噬乾肉難於膚而易於腊胏者也黄中色金亦謂鈞金六五柔順而中以居尊位用刑於人人无不服故有此象然必貞厲乃得无咎亦戒占者之辭也象曰貞厲无咎得當也○上九何校滅耳凶何何可反○何負也過極之陽在卦之上惡極罪大凶之道也故其象占如此象曰何校滅耳聰不明也滅耳蓋罪其聽之不聰也若能審聽而早圖之則无此凶矣

䷕ 離下艮上

賁亨小利有攸往賁彼僞反○賁飾也卦自損來者柔自三來而文二

剛自二上而文三自旣濟而來者柔自上來而文五剛自五上而文上文內離而外艮有文明而各得其分之象故爲賁占者以其柔來文剛而陽得陰助而離明於內故爲亨以其剛上文柔而艮止於外故小利有攸往

○象曰賁亨亨字疑衍柔來而文剛故亨分剛上而文柔故小利有攸往天文也以卦變釋卦辭剛柔之交自然之象故曰天文先儒說天文上當有剛柔交錯四字理或然也文明以止人文也文以卦德言之止謂各得其分觀乎天文以察時變觀乎人文以化成天下極言賁道之大也

○象曰山下有火賁君子以明庶政无敢折獄山下有火明不及遠明庶政事之小者折獄事之大者內離明

而外艮止故取象如此

○初九賁其趾舍車而徒舍音捨○剛德明體自賁於下爲舍非道之車而安於徒步之象占者自處當如是也

象曰舍車而徒義弗乘也君子之取舍決於義而已

○六二賁其須二以陰柔居中正三以陽剛而得正皆无應與故二附三而動有賁須之象占者宜從上之陽剛而動也

象曰賁其須與上興也

○九三賁如濡如永貞吉一陽居二陰之間得其賁而潤澤者也然不可溺於所安故有永貞之戒

象曰永貞之吉終莫之陵也

○六四賁如皤如白馬翰如匪寇婚媾皤白波反○皤白也馬人所乘人白則馬亦白矣四與初相賁者乃爲九三所隔而不得遂故皤如而其往求

之心如飛翰之疾也然九三剛正非爲寇者也乃求婚媾耳故其象如此

象曰六四當位疑也匪寇婚媾終无尤也當位疑謂所當之位可疑也終无尤謂若守正而不與亦无他患也

○六五賁于丘園束帛戔戔吝終吉戔在千反又音殘○六五柔中爲賁之主敦本尚實得賁之道故有丘園之象然陰性吝嗇故有束帛戔戔之象束帛薄物戔戔淺小之意人而如此雖可羞吝然禮奢寧儉故得終吉

象曰六五之吉有喜也

○上九白賁无咎賁極反本復於无色善補過矣故其象占如此

象曰白賁无咎上得志也

䷖ 坤下艮上

剝不利有攸往剝落也五陰在下而方生一陽在上而將盡陰盛長而陽消落九月之卦也陰盛陽衰小人壯而君子病又內坤而外艮有順時而止之象故占得之者不可有所往也○象曰剝剝也柔變剛也以卦體釋卦名義言柔進于陽變剛爲柔也不利有攸往小人長也順而止之觀象也君子尚消息盈虛天行也長丁丈反○以卦體卦德釋卦辭○象曰山附於地剝上以厚下安宅○初六剝牀以足蔑貞凶剝自下起滅正則凶故其占如此蔑滅也象曰剝牀以足以滅下也○六二剝牀以辨蔑貞凶辨音辦○辨牀幹也進而上矣象曰剝牀以

辨未有與也言未大盛○六三剝之无咎衆陰方剝陽而已獨應之去其黨而從正无咎之道也占者如是則得无咎象曰剝之无咎失上下也上下謂四陰○六四剝牀以膚凶陰禍切身故不復言蔑貞而直言凶也象曰剝牀以膚切近災也○六五貫魚以宮人寵无不利魚陰物宮人陰之美而受制於陽者也五為衆陰之長當率其類受制於陽故有此象而占者如是則无不利也象曰以宮人寵終无尤也○上九碩果不食君子得輿小人剝廬一陽在上剝未盡而能復生君子在上則為衆陰所載小人居之則剝極於上自失所覆而无復碩果得輿之象矣取象既明而君子小

人其占不同聖人之情益可見矣象曰君子得輿民所載也小人剝廬終不可用也

䷗ 震下坤上

復亨出入无疾朋來无咎反復其道七日來復利有攸往

反復之復方福反又作覆象同○復陽復生於下也剝盡則爲純坤十月之卦而陽氣已生於下矣積之踰月然後一陽之體始成而來復故十有一月其卦爲復以其陽既往而復反故有亨道又內震外坤有陽動於下而以順上行之象故其占又爲己之出入既得无疾朋類之來亦得无咎又自五月姤卦一陰始生至此七爻而一陽來復乃天運之自然故其占又爲反復其道至於七日當得來復又以剛德方長

故其占又爲利有攸往也反復其道往而復來來而復往之意七日者所占來復之期也

○彖曰復亨剛反剛反則亨動而以順行是以出入无疾朋來无咎以卦德而言反復其道七日來復天行也陰陽消息天運然也利有攸往剛長也長丁丈反○以卦體而言既生則漸長矣復其見天地之心乎積陰之下一陽復生天地生物之心幾於滅息而至此乃復可見在人則爲靜極而動惡極而善本心幾息而復見之端也程子論之詳矣而邵子之詩亦曰冬至子之半天心无改移一陽初動處萬物未生時玄酒味方淡太音聲正希此言如不信更請問包羲至哉言也學者宜盡心焉

○象曰雷在地中復先王以至日閉關商

旅不行后不省方安靜以養微陽也月令是月齋戒掩身以待陰陽之所定○初九不遠復无祗悔元吉祗音其○一陽復生於下復之主也祗抵也又居事初失之未遠能復於善不抵於悔大善而吉之道也故其象占如此象曰不遠之復以脩身也○六二休復吉柔順中正近於初九而能下之復之休美吉之道也象曰休復之吉以下仁也下遐嫁反○六三頻復厲无咎以陰居陽不中不正又處動極復而不固屢失屢復之象屢失故危復則无咎故其占又如此象曰頻復之厲義无咎也○六四中行獨復四處羣陰之中而獨與初應為與衆俱行而獨能從善之象當此之時陽氣甚微未足以有為故不言吉

然理所當然吉凶非所論也董子曰仁人者正其誼不謀其利明其道不計其功於剝之六三及此爻見之象曰中行獨復以從道也○六五敦復无悔以中順居尊而當復之時敦復之象无悔之道也象曰敦復无悔中以自考也考成也○上六迷復凶有災眚用行師終有大敗以其國君凶至于十年不克征眚生領反○以陰柔居復終終迷不復之象凶之道也故其占如此以猶及也象曰迷復之凶反君道也

䷘ 震下乾上

无妄元亨利貞其匪正有眚不利有攸往无妄

實理自然之謂史記作无望謂无所期望而有得焉者其義亦通爲卦自訟而變九自二來而居於初又爲震主動而不妄者也故爲无妄又二體震動而乾健九五剛中而應六二故其占大亨而利於正若其不正則有眚而不利有所往也

○彖曰无妄剛自外來而爲主於內動而健剛中而應大亨以正天之命也其匪正有眚不利有攸往无妄之往何之矣天命不祐行矣哉

以卦變卦德卦體言卦之善如此故其占當獲大亨而利於正乃天命之當然也其有不正則不利有所往欲何往哉蓋其逆天之命而天不祐之故不可以有行也

○象曰天下雷行物與无妄先王以茂對時育萬物

天下雷行

震動發生萬物各正其性命是物物而與之以无妄也先王法此以對時育物因其所性而不爲私焉○初九无妄往吉以剛在內誠之主也如是而往其吉可知故其象占如此象曰无妄之往得志也○六二不耕穫不菑畬則利有攸往○菑側其反畬音餘柔順中正因時順理而无私意期望之心故有不耕穫不菑畬之象言其无所爲於前无所冀於後也占者如是則利有所往矣象曰不耕穫未富也富如非富天下之富言非計其利而爲之也○六三无妄之災或繫之牛行人之得邑人之災卦之六爻皆无妄者也六三處不得正故遇其占者无故而有災如行人牽牛以去而居者反遭詰捕之擾也象曰行人得牛

邑人災也○九四可貞无咎陽剛乾體下无應與可固守而无咎不可以有爲之占也象曰可貞无咎固有之也有猶守也○九五无妄之疾勿藥有喜乾剛中正以居尊位而下應亦中正无妄之至也如是而有疾勿藥而自愈矣故其象占如此象曰无妄之藥不可試也既已无妄而復藥之則反爲妄而生疾矣試謂少嘗之也○上九无妄行有眚无攸利上九非有妄也但以其窮極而不可行耳故其象占如此象曰无妄之行窮之災也

䷙ 乾下艮上

大畜利貞不家食吉利涉大川畜勅六反大陽也以艮

畜乾又畜之大者也又以內乾剛健外艮篤實輝光是以能日新其德而為畜之大也以卦變言此卦自需而來九自五而上以卦體言六五尊而尚之以卦德言又能止健皆非大正不能故其占為利貞而不家食吉也又六五下應於乾為應乎天故其占又為利涉大川也不家食謂食祿於朝不食於家也○象曰大畜剛健篤實輝光日新其德以卦德釋卦名義剛上而尚賢能止健大正也以卦變卦體卦德釋卦辭不家食吉養賢也亦取尚賢之象利涉大川應乎天也亦以卦體而言○象曰天在山中大畜君子以多識前言往行以畜其德識如字又音志行下孟反○天在山中不必實有是事但以其象言之耳○初

九有厲利已已夷止反○乾之三陽爲艮所止故內外之卦各取其義初九爲六四所止故其占往則有危而利於止也象曰有厲利已不犯災也○九二輿說輹說吐活反輹音服又音福○九二亦爲六五所畜以其處中故能自止而不進有此象也象曰輿說輹中无尤也○九三良馬逐利艱貞曰閑輿衛利有攸往三以陽居健極上以陽居畜極極而通之時也又皆陽爻故不相畜而俱進有良馬逐之象焉然過剛銳進故其占必戒以艱貞閑習乃利於有往也曰當爲日日月之日象曰利有攸往上合志也○六四童牛之牿元吉牿古毒反○童者未角之稱牿施橫木於牛角以防其觸詩所謂楅衡者也止之於未角

之時爲力則易大善之吉也故其象占如象

此學記曰禁於未發之謂豫正此意也

曰六四元吉有喜也○六五豶豕之牙吉豶符云反○陽已進而止之不若初之易矣然以柔居中而當尊位是以得其機會而可制故其象如此占雖吉而不言元也象曰六五之吉有慶也○上

九何天之衢亨何天之衢言何其通達之甚也蓄極而通豁達无礙故其象占如此象曰何天之衢道大行也

䷚震下艮上

頤貞吉觀頤自求口實頤以之反○頤口旁也口食物以自養故爲養義爲卦上下二陽內含四陰外實內虛上止下動爲頤之象養之義也貞吉者占者

得正則吉觀頤謂觀其所養之道自求口實謂觀其所以養身之術皆得正則吉也○彖曰頤貞吉養正則吉也觀頤觀其所養也自求口實觀其自養也釋卦辭天地養萬物聖人養賢以及萬民頤之時大矣哉極言養道而贊之○象曰山下有雷頤君子以慎言語節飲食二者養德養身之切務○初九舍爾靈龜觀我朵頤凶舍音捨朵多果反○靈龜不食之物朵垂也朵頤欲食之貌初九陽剛在下足以不食乃上應六四之陰而動於欲凶之道也故其象占如此象曰觀我朵頤亦不足貴也○六二顛頤拂經于丘頤征凶求養

於初則顛倒而違於常理求養於上則往而得凶丘上之高者上之象也象曰六二征凶行失類也初上皆非其類也○六三拂頤貞凶十年勿用无攸利陰柔不中正以處動極拂於頤矣旣拂於頤雖正亦凶故其象占如此象曰十年勿用道大悖也○六四顛頤吉虎視眈眈其欲逐逐无咎眈都含反○柔居上而得正所應又正而賴其養以施於下故雖顛而吉虎視眈眈下而專也其欲逐逐求而繼也又能如是則无咎矣象曰顛頤之吉上施光也施始豉反○六五拂經居貞吉不可涉大川六五陰柔不正居尊位而不能養人反賴上九之養故其象占如此象曰居貞之吉順

以從上也○上九由頤厲吉利涉大川六五賴上九之養以養人是物由上九以養也位高任重故厲而吉陽剛在上故利涉川象曰由頤厲吉大有慶也

☱☴ 巽下兌上

大過棟橈利有攸往亨橈乃教反○大陽也四陽居中過盛故爲大過上下二陰不勝其重故有棟橈之象又以四陽雖過而二五得中內巽外說有可行之道故利有所往而得亨也○象曰大過大者過也以卦體釋卦名義棟橈本末弱也復以卦體釋卦辭本謂初末謂上弱謂陰柔剛過而中巽而說行利有攸往乃亨○說音悅又以

卦體卦德釋卦辭大過之時大矣哉大過之時非有大過人之材不能濟也故歎其大○象曰澤滅木大過君子以獨立不懼遯世无悶澤滅於木大過之象也不懼无悶大過之行也○初六藉用白茅无咎藉在夜反當大過之時以陰柔居巽下過於畏慎而无咎者也故其象占如此白茅物之潔者象曰藉用白茅柔在下也○九二枯楊生稊老夫得其女妻无不利稊吐兮反○陽過之始而比初陰故其象占如此稊根也榮於下者也榮於下則生於上矣夫雖老而得女妻猶能成生育之功也象曰老夫女妻過以相與也○九三棟橈凶三四二爻居卦之中棟之象也九三以剛

居剛不勝其重故象橈而占凶象曰棟橈之凶不可以有輔也○九四棟隆吉有它吝它湯何反○以陽居陰過而不過故其象隆而占吉然下應初六以柔濟之則過於柔矣故又戒以有它則吝也象曰棟隆之吉不橈乎下也○九五枯楊生華老婦得其士夫无咎无譽華如字○九五陽過之極又比過極之陰故其象占皆與二反象曰枯楊生華何可久也老婦士夫亦可醜也○上六過涉滅頂凶无咎處過極之地才弱不足以濟然於義爲无咎矣蓋殺身成仁之事故其象占如此象曰過涉之凶不可咎也

䷜ 坎下坎上

習坎有孚維心亨行有尚習重習也坎險陷也其象為水陽陷陰中外虛而中實也此卦上下皆坎是為重險中實為有孚心亨之象以是而行必有功矣故其占如此○彖曰習坎重險也重直龍反釋卦名義○水流而不盈行險而不失其信以卦象釋有孚之義言內實而行有常也維心亨乃以剛中也行有尚往有功也以剛在中心亨之象如是而往必有功也天險不可升也地險山川丘陵也王公設險以守其國險之時用大矣哉極言之而贊其大也○象曰水洊至習坎君子以

常德行習教事〔洊在薦反行下孟反○治已治人皆必重習然後熟而安〕之○初六習坎入于坎窞凶〔窞徒坎陵感二反○以陰柔居重險之下其陷益深故其象占如此〕象曰習坎入坎失道凶也○九二坎有險求小得〔剛而得中故其占可以求小得也〕象曰求小得未出中也〔處重險之中未能自出故為有險之象然〕○六三來之坎坎險且枕入于坎窞勿用〔枕針甚反○以陰柔不中正而履重險之間來往皆險前險而後枕其陷益深不可用也故其象占如此枕倚著未安之意〕象曰來之坎坎終无功也○六四樽酒簋貳用缶納約自牖終无咎〔簋音軌缶俯九〕

反○晁氏云先儒讀樽酒簋爲一句貳用缶爲一句今從之貳益之也周禮大祭三貳弟子職左執虛豆右執挾匕周旋而貳是也九五尊位六四近之在險之時剛柔相際故有但用薄禮益以誠心進結自牖之象牖非所由之正而室之所以受明也始雖艱阻終得无咎故其占如此

象曰樽酒簋貳剛柔際也晁氏曰陸氏釋文本无貳字今從之

○九五坎不盈祇旣平无咎九五雖在坎中然以陽剛中正居尊位而時亦將出矣故其象占如此

象曰坎不盈中未大也有中德而未大

○上六係用徽纆寘于叢棘三歲不得凶纆音墨寘音置○以陰柔居險極故其象占如此

象曰上六失道凶三歲也

䷝ 離下離上

離利貞亨畜牝牛吉畜許六反○離麗也陰麗於陽其象爲火體陰而用陽也物之所麗貴乎得正牝牛柔順之物也故占者能正則亨而畜牝牛則吉也

○象曰離麗也日月麗乎天百穀草木麗乎土重明以麗乎正乃化成天下重直龍反○釋卦名義柔麗乎中正故亨是以畜牝牛吉也以卦體釋卦辭

○象曰明兩作離大人以繼明照于四方作起也

○初九履錯然敬之无咎錯七各反○以剛居下而處明體志欲上進故有履錯然之象敬之則无咎矣戒占者宜如是也

象曰履錯

之敬以辟咎也辟同避○六二黃離元吉黃中色柔麗乎中而得其正故其象占如此象曰黃離元吉得中道也○九三日昃之離不鼓缶而歌則大耋之嗟凶耋田節反○重離之閒前明將盡故有日昃之象不安常以自樂則不能自處而凶矣戒占者宜如是也象曰日昃之離何可久也○九四突如其來如焚如死如棄如突如忽反○後明將繼之時而九四以剛迫之故其象如此象曰突如其來如无所容也无所容言焚死棄也○六五出涕沱若戚嗟若吉沱徒何反○以陰居尊柔麗乎中然不得其正而迫於上下之陽故憂懼如此然後得吉戒占者宜

如是也象曰六五之吉離王公也離音麗○上九王用出征有嘉折首獲匪其醜无咎剛明及遠威震而刑不濫无咎之道也故其象占如此象曰王用出征以正邦也

周易卷之二

周易下經

䷞ 艮下兌上

咸亨利貞取女吉 取七具反○咸交感也兌柔在上艮剛在下而交相感應又艮止則感之專兌說則應之至又艮以少男下於兌之少女男先於女得男女之正婚姻之時故其卦爲咸其占亨而利貞取女則吉蓋感有必通之理然不以貞則失其亨而所爲皆凶矣○彖曰咸感也 釋卦名義 柔上而剛下二氣感應以相與止而說男下女是以亨利貞取女吉也 說音悅男下之下遐嫁反○以卦體卦德卦象釋卦辭或以卦

變言柔上剛下之義曰咸自旅來柔上居六剛下居五也亦通天地感而萬物化生聖人感人心而天下和平觀其所感而天地萬物之情可見矣極言感通之理○象曰山上有澤咸君子以虛受人山上有澤以虛而通也○初六咸其拇拇茂后反○拇足大指也咸以人身取象感於最下咸拇之象也感之淺欲進未能故不言吉凶此卦雖主於感然六爻皆宜靜而不宜動也象曰咸其拇志在外也○六二咸其腓凶居吉腓房非反○腓足肚也欲行則先自動躁妄而不能固守者也二當其處又以陰柔不能固守故取其象然有中正之德能居其所故其占動凶而靜吉也象曰雖凶居

吉順不害也○九三咸其股執其隨往吝股隨足而動不能自專者也執者主當持守之意下二爻皆欲動者三亦不能自守而隨之往則吝矣故其象占如此象曰咸其股亦不處也志在隨人所執下也言亦者因前二爻皆欲動而云也二爻陰躁其動也宜九三陽剛居止之極宜靜而動可吝之甚也○九四貞吉悔亡憧憧往來朋從爾思憧昌容反又音同○九四居股之上脢之下又當三陽之中心之象咸之主也心之感物當正而固乃得其理今九四乃以陽居陰爲失其正而不能固故因占設戒以爲能正而固則吉而悔亡若憧憧往來不能正固而累於私感則但其朋類從之不復能及遠矣象曰貞吉悔亡未感害也憧憧

往來未光大也感害言不正而感則有害也○九五咸其
脢无悔脢武杯反又音每○脢背肉在心上而相背不能感物而无私係九五適當其處故取其象而戒占者以能如是則雖不能感物而亦可以无悔也象曰咸
其脢志末也志末謂不能感物○上六咸其輔頰舌
頰古協反○輔頰舌皆所以言者而在身之上上六以陰居說之終處咸之極感人以言而无其實又兌為口舌故其象如此凶咎可知象曰咸其輔頰舌滕
口說也滕騰通用

䷟巽下震上

恒亨无咎利貞利有攸往恒常久也為卦震剛在上巽柔在下

震雷巽風二物相與巽順震動爲巽而動二體六爻陰陽相應四者皆理之常故爲恒其古爲能久於其道則亨而无咎然又必利於守貞則乃爲得所常久之道而利有所往也

○彖曰恒久也剛上而柔下雷風相與巽而動剛柔皆應恒以卦體卦象卦德釋卦名義或以卦變言剛上柔下之義曰恒自豐來剛上居二柔下居初也亦通恒亨无咎利貞久於其道也天地之道恒久而不已也恒固能亨且无咎矣然必利於正乃爲久於其道不正則久非其道矣天地之道所以長久亦以正而已矣利有攸往終則有始也久於其道終也利有攸往始也動靜相生循環之理然必靜爲主也日月得天而能久照四時變化而

能久成聖人久於其道而天下化成觀其所恒而天地萬物之情可見矣（極言恒久之道）○象曰雷風恒君子以立不易方○初六浚恒貞凶无攸利（初與四為正應理之常也然初居下而在初未可以深有所求四震體而陽性上而不下又為二三所隔應初之意異乎常矣初之柔暗不能度勢又以陰居巽下為巽之主其性務入故深以常理求之浚恒之象也占者如此則雖貞亦凶而无所利矣）象曰浚恒之凶始求深也○九二悔亡（以陽居陰本當有悔以其久中故得亡也）象曰九二悔亡能久中也○九三不恒其德或承之羞貞吝（位雖得正然過剛不中志

從於上不能久於其所故爲不恒其德或承之羞之象或者不知其何人之辭承奉也言人皆得奉而進之不知其所自來也貞吝者正而不恒爲可羞吝申戒占者之辭象曰不恒其德无所容也○九四田无禽以陽居陰久非其位故爲此象占者田无所獲而凡事亦不得其所求也象曰久非其位安得禽也○六五恒其德貞婦人吉夫子凶以柔中而應剛中常久不易正而固矣然乃婦人之道非夫子之宜也故其象占如此象曰婦人貞吉從一而終也夫子制義從婦凶也○上六振恒凶振者動之速也上六居恒之極處震之終恒極則不常震終則過動又陰柔不能固守居上非其所安故有振恒之象而其占則凶

也

象曰振恒在上大无功也

艮下
乾上

遯亨小利貞遯徒困反○遯退避也爲卦二陰浸長陽當退避故爲遯六月之卦也陽雖當遯然九五當位而下有六二之應若猶可以有爲但二陰浸長於下則其勢不可以不遯故其占爲君子能遯則身雖退而道亨小人則利於守正不可以浸長之故而遂侵迫於陽也小謂陰柔小人也此卦之占與否之初二兩爻相類○彖曰

遯亨遯而亨也剛當位而應與時行也以九五一爻釋亨義小利貞浸而長也長丁丈反○以下二陰釋小利貞遯之時義大矣哉陰方浸長處之爲難故其時義爲尤大也○象曰

天下有山遯君子以遠小人不惡而嚴遠，袁萬反。○天體无窮山高有限遯之象也嚴者君子自守之常而小人自不能近○初六遯尾厲勿用有攸往遯而在後尾之象危之道也占者不可以有所往但晦處靜俟可免災耳象曰遯尾之厲不往何災也○六二執之用黃牛之革莫之勝說勝音升說吐活反○以中順自守人莫能解必遯之志也占者固守亦當如是象曰執用黃牛固志也○九三係遯有疾厲畜臣妾吉畜許六反○下比二陰當遯而有所係之象有疾而危之道也然以畜臣妾則吉蓋君子之於小人惟臣妾則不必其賢而可畜耳故其占如此象曰係遯之厲有疾

憊也畜臣妾吉不可大事也憊音敗○九四好
遯君子吉小人否好呼報反否方有反○下應初六而乾體剛健有所
好而能絕之以遯之象也惟自克之君子能之而小人不能故占者君子則吉而小人否
也象曰君子好遯小人否也○九五嘉遯貞
吉剛陽中正下應六二亦柔順而中正遯之嘉美者也占者如是而正則吉矣象
曰嘉遯貞吉以正志也○上九肥遯无不利
以剛陽居卦外下無係應遯之遠而處之裕者也故其象占如此肥者寬裕自得之意
象曰肥遯无不利无所疑也

䷡ 乾下震上

大壯利貞大謂陽也四陽盛長故為大壯二月之卦也陽壯則占者吉亨不假言但利在正固而已○彖曰大壯大者壯也剛以動故壯釋卦名義以卦體言則陽長過中大者壯也以卦德言則乾剛震動所以壯也大壯利貞大者正也正大而天地之情可見矣釋利貞之義而極言之○象曰雷在天上大壯君子以非禮弗履自勝者強○初九壯于趾征凶有孚趾在下而進動之物也剛陽處下而當壯時壯于進者也故有此象居下而壯于進其凶必矣故其占又如此象曰壯于趾其孚窮也言必困窮○九二貞吉以陽居陰已不得其正矣然所處得中則猶可因以不失其正故戒占者使因

中以求正然後可以得吉也象曰九二貞吉以中也○九三小人用壯君子用罔貞厲羝羊觸藩羸其角羝音低羸力追反○過剛不中當壯之時是小人用壯而君子則用罔也罔无也視有如无君子之過於勇者也如此則雖正亦危矣羝羊剛壯喜觸之物藩籬也羸困也貞厲之占其象如此象曰小人用壯君子罔也小人以壯敗君子以罔困○九四貞吉悔亡藩決不羸壯于大輿之輹輹音福○貞吉悔亡與咸九四同占藩決不羸承上文而言也決開也三前有四猶有藩焉四前二陰則藩決矣壯于大輿之輹亦可進之象也以陽居陰不極其剛故其象如此象曰藩決不羸尚往也尚上通○六五喪

羊于易无悔喪息浪反象同易以豉反一音亦旅卦同○卦體似兌有羊象焉外柔而內剛者也獨六五以柔居中不能抵觸雖失其壯然亦无所悔矣故其象如此而占亦與咸九五同易容易之易言忽然不覺其亡也或作疆場之場亦通漢食貨志場作易

象曰喪羊于易位不當也○上六羝羊觸藩不能退不能遂无攸利艱則吉壯終動極故觸藩而不能退然其質本柔故又不能遂其進也其象如此其占可知然猶幸其不剛故能艱以處則尚可以得吉也

象曰不能退不能遂不詳也艱則吉咎不長也

䷢ 坤下 離上

晉康侯用錫馬蕃庶晝日三接晉進也康侯安國之侯也錫馬蕃庶晝日三接言多受大賜而顯被親禮也蓋其為卦上離下坤有日出地上之象順而麗乎大明之德又其變自觀而來為六四之柔進而上行以至於五占者有是三者則亦當有是寵也○彖曰晉進也釋卦名義明出地上順而麗乎大明柔進而上行是以康侯用錫馬蕃庶晝日三接也上行之上時掌反○以卦象卦德卦變釋卦辭○象曰明出地上晉君子以自昭明德昭明之也○初六晉如摧如貞吉罔孚裕无咎以陰居下應不中正有欲進見摧之象占者如是而能守正則吉設不為人所信亦當處以寬裕則无咎也

象曰晉如摧如獨行正也裕无咎未受命也初居下位未有官守之命○六二晉如愁如貞吉受茲介福于其王母六二中正上无應援故欲進而愁占者如是而能守正則吉而受福于王母也王母指六五蓋享先妣之吉占而凡以陰居尊者皆其類也象曰受茲介福以中正也○六三衆允悔亡三不中正宜有悔者以其與下二陰皆欲上進是以爲衆所信而悔亡也象曰衆允之志上行也○九四晉如鼫鼠貞厲鼫音石○不中不正以竊高位貪而畏人蓋危道也故爲鼫鼠之象占者如是雖正亦危象曰鼫鼠貞厲位不當也○六五悔亡失得勿恤往吉

无不利以陰居陽宜有悔矣以大明在上而下皆順從故占者得之則其悔亡又一切去其計功謀利之心則往吉而无不利也然亦必有其德乃應其占耳象曰失得勿恤往有慶也○上九晉其角維用伐邑厲吉无咎貞吝角剛而居上上九剛進之極有其象矣占者得之而以伐其私邑則雖危而吉且无咎然以極剛治小邑雖得其正亦可吝矣象曰維用伐邑道未光也

䷣ 離下坤上

明夷利艱貞夷傷也爲卦下離上坤日入地中明而見傷之象故爲明夷又其上六爲暗之主六五近之故占者利於艱難以守正而自晦其明也○彖曰

明入地中明夷以卦象釋卦名內文明而外柔順以蒙大難文王以之難去聲下同○以卦德釋卦義蒙大難謂遭紂之亂而見囚也利艱貞晦其明也內難而能正其志箕子以之以六五一爻之義釋卦辭內難謂為紂近親在其國內如六五之近於上六也○象曰明入地中明夷君子以蒞眾用晦而明○初九明夷于飛垂其翼君子于行三日不食有攸往主人有言飛而垂翼見傷之象占者行而不食所如不合時義當然不得而避也象曰君子于行義不食也雖義所在不食可也○六二明夷夷于左股用拯馬壯

吉拯之陵反渙初爻同○傷而未切救之速則免矣故其象占如此象曰六
二之吉順以則也○九三明夷于南狩得其
大首不可疾貞以剛居剛又在明體之上而屈於至暗之下正與上六闇
主爲應故有向明除害得其首惡之象然不
可以亟也故有不可疾貞之戒成湯起於夏
臺文王興於羑里正合此
爻之義而小事亦有然者象曰南狩之志乃
大得也○六四入于左腹獲明夷之心于出
門庭此爻之義未詳竊疑左腹者幽隱之處
獲明夷之心於出門庭者得意於遠去
之義言筮而得此者其自處當如是也蓋離
體爲至明之德坤體爲至闇之地下三爻明
在闇外故隨其遠近高下而處之不同六四
以柔正居闇地而尚淺故猶可以得意於遠

去五以柔中居闇地而已遠故爲內難正志以晦其明之象上則極乎闇矣故爲自傷其明以至於闇而又足以傷人之明蓋下五爻皆爲君子獨上一爻爲闇君也象曰入于左腹獲心意也意叶音臆○六五箕子之明夷利貞居至闇之地近至闇之君而能正其志箕子之象也貞之至也利貞以戒占者象曰箕子之貞明不可息也○上六不明晦初登于天後入于地以陰居坤之極不明其德以至於晦始則處高位以傷人之明終必至於自傷而墜厥命故其象如此而占亦在其中矣象曰初登于天照四國也後入于地失則也照四國以位言

䷤ 家人 離下巽上

利女貞 家人者一家之人卦之九五六二外內各得其正故爲家人利女貞者欲先正乎內也內正則外无不正矣

○彖曰 家人女正位乎內男正位乎外男女正天地之大義也 以卦體九五六二釋利女貞之義亦謂二五 家人有嚴君焉父母之謂也 父父子子兄兄弟弟夫夫婦婦而家道正正家而天下定矣 上父初子五三夫四二婦五兄三弟以卦畫推之又有此象

○象曰 風自火出家人君子以言有物而行有恒 行下孟反 ○身脩則家治矣

○初九 閑有家

悔亡初九以剛陽處有家之始能防閑之其悔亡矣戒占者當如是也象曰閑有家志未變也志未變而豫防之○六二无攸遂在中饋貞吉六二柔順中正女之正位乎內者也故其象占如此象曰六二之吉順以巽也○九三家人嗃嗃悔厲吉婦子嘻嘻終吝嗃呼落反嘻喜悲反象同以剛居剛而不中過乎剛者也故有嗃嗃嚴厲之象如是則雖有悔厲而吉也嘻嘻者嗃嗃之反吝之道也占者各以其德爲應故兩言之象曰家人嗃嗃未失也婦子嘻嘻失家節也○六四富家大吉陽主義陰主利以陰居陰而在上位能富其家者也象曰富家大吉順在位也○九

五王假有家勿恤吉假更白反○假至也如假于太廟之假有家猶言有國也九五剛健中正下應六二之柔順中正王者以是至于其家則勿用憂恤而吉可必矣蓋聘納后妃之吉占而凡有是德者遇之皆吉也象曰王假有家交相愛也程子曰夫愛其內助婦愛其刑家○上九有孚威如終吉上九以剛居上在卦之終故言正家久遠之道占者必有誠信嚴威則終吉也象曰威如之吉反身之謂也謂非作威也反身自治則人畏服之矣

兌下離上

睽小事吉睽苦圭反○睽乖異也爲卦上火下澤性相違異中女少女志不同

歸故爲睽然以卦德言之内說而外明以卦變言之則自離來者柔進居三自中孚來者柔進居五自家人來者兼之以卦體言之則六五得中而下應九二之剛是以其占不可大事而小事尚有吉之道也○象曰睽火動而上澤動而下二女同居其志不同行上下俱上聲下同○以卦象釋卦名義說而麗乎明柔進而上行得中而應乎剛是以小事吉說音悅○以卦德卦變卦體釋卦辭天地睽而其事同也男女睽而其志通也萬物睽而其事類也睽之時用大矣哉極言其理而贊之○象曰上火下澤睽君子以同而異二卦合體而性不同○初九

悔亡喪馬勿逐自復見惡人无咎喪去聲○上无正應有悔也而居睽之時同德相應其悔亡矣故有喪馬勿逐而自復之象然亦必見惡人然後可以辟咎如孔子之於陽貨也象曰見惡人以辟咎也辟音避○九二遇主于巷无咎二五陰陽正應居睽之時乖戾不合必委曲相求而得會遇乃爲无咎故其象占如此象曰遇主于巷未失道也本其正應非有邪也○六三見輿曳其牛掣其人天且劓无初有終曳以制反掣昌逝反劓魚器反○六三上九正應而三居二陽之閒後爲二所曳前爲四所掣而當睽之時上九猜很方深故又有髡劓之傷然邪不勝正終必得合故其象占如此象曰見輿曳位不當

也无初有終遇剛也○九四睽孤遇元夫交孚厲无咎夫如字○睽孤謂无應遇元夫謂得初九交孚謂同德相信然當睽時故必危厲乃得无咎占者亦如是也象曰交孚无咎志行也○六五悔亡厥宗噬膚往何咎噬市制反○以陰居陽悔也居中得應故能亡之厥宗指九二噬膚言易合六五有柔中之德故其象占如是象曰厥宗噬膚往有慶也○上九睽孤見豕負塗載鬼一車先張之弧後說之弧匪寇婚媾往遇雨則吉弧音胡說吐活反媾古豆反○睽孤謂六三為二陽所制而已以剛處明極睽極之地又自猜狠而乖離也見豕負塗見其汚也載鬼一車以无為有也

張弧欲射之也說弧疑稍釋也匪寇婚媾知其非寇而實親也往遇雨則吉疑盡釋而睽合也上九之與六三先睽後合故其象占如此

象曰遇雨之吉羣疑亡也

䷦ 艮下坎上

蹇利西南不利東北利見大人貞吉

蹇紀免反○蹇難也足不能進行之難也爲卦艮下坎上見險而止故爲蹇西南平易東北險阻又艮方也方在蹇中不宜走險又卦自小過而來陽進則往居五而得中退則入於艮而不進故其占曰利西南不利東北當蹇之時必見大人然後可以濟難又必守正然後得吉而卦之九五剛健中正有大人之象自二以上五爻皆得正位則又貞之義也故其占又曰利

見大人貞吉蓋見險者貴於能止而又不可終於止處險者利於進而不可失其正也○彖曰蹇難也險在前也見險而能止知矣哉難乃旦反知音智○以卦德釋卦名義而贊其美蹇利西南往得中也不利東北其道窮也利見大人往有功也當位貞吉以正邦也蹇之時用大矣哉以卦變卦體釋卦辭而贊其時用之大也○象曰山上有水蹇君子以反身脩德○初六往蹇來譽往遇險來得譽象曰往蹇來譽宜待也○六二王臣蹇蹇匪躬之故柔順中正正應在上而在險中故蹇而又蹇以求濟之非以其身之故也不言吉凶

者占者但當鞠躬盡力而已至於成敗利鈍則非所論也象曰王臣蹇蹇終无尤也事雖不濟亦无可尤○九三往蹇來反反就二陰得其所安象曰往蹇來反內喜之也○六四往蹇來連連於九三合力以濟象曰往蹇來連當位實也當去聲○九五大蹇朋來大蹇者非常之蹇也九五居尊而有剛健中正之德必有朋來而助之者占者有是德則有是助矣象曰大蹇朋來以中節也○上六往蹇來碩吉利見大人已在卦極往無所之益以蹇耳來就九五與之濟蹇則有碩大之功大人指九五曉占者宜如是也象曰往蹇來碩志在內也利見大人以從貴

也

䷧ 坎下震上

解利西南无所往其來復吉有攸往夙吉解音蟹彖傳大象同○解難之散也居險能動則出於險之外矣解之象也難之既解利於平易安靜不欲久爲煩擾且其卦自升來三往居四入於坤體二居其所而又得中故利於西南平易之地若无所往則宜來復其所而安靜若尚有所往則宜早往早復不可久煩擾也

○彖曰解險以動動而免乎險解以卦德釋卦名義

解利西南往得眾也其來復吉乃得中也以卦變釋卦辭坤爲眾得眾謂九四入坤有攸往夙吉往有功也

體得中有功皆指九二天地解而雷雨作雷雨作而百果草木皆甲坼解之時大矣哉極言而贊其大也○象曰雷雨作解君子以赦過宥罪○初六无咎難既解矣以柔在下上有正應何咎之有故其占如此象曰剛柔之際義无咎也○九二田獲三狐得黃矢貞吉此爻取象之意未詳或曰卦凡四陰除六五君位餘三陰即三狐之象也大抵此爻爲卜田之吉占亦爲去邪媚而得中直之象能守其正則无不吉矣象曰九二貞吉得中道也○六三負且乘致寇至貞吝乘如字又石證反○繫辭備矣貞吝言雖以正得之亦可羞也唯避而去之爲可免耳象

曰負且乘亦可醜也自我致戎又誰咎也戎古本作寇○九四解而拇朋至斯孚解佳買反象同拇茂后反○拇指初初與四皆不得其位而相應應之不以正者也然四陽初陰其類不同若能解而去之則君子之朋至而相信也象曰解而拇未當位也○六五君子維有解吉有孚于小人解音蟹象同○卦凡四陰而六五當君位與三陰同類者必解而去之則吉也孚驗也君子有解以小人之退爲驗也象曰君子有解小人退也○上六公用射隼于高墉之上獲之无不利射食亦反隼荀尹反○繫辭備矣象曰公用射隼以解悖也解佳買反

䷨ 兌下艮上

損有孚元吉无咎可貞利有攸往損減省也爲卦損下卦上畫之陽益上卦上畫之陰損兌澤之深益艮山之高損下益上損內益外剝民奉君之象所以爲損也損所當損而有孚信則其占當有此下四者之應矣曷之用二簋可用享簋音軌○言當損時則至薄无害○彖曰損損下益上其道上行上行之上時掌反以卦體釋卦名義○損而有孚元吉无咎可貞利有攸往曷之用二簋可用享二簋應有時損剛益柔有時損益盈虛與時偕行此釋卦辭時謂當損之時○象曰山下有澤

損君子以懲忿窒欲懲直升反○君子脩身所當損者莫切如此○初九已事遄往无咎酌損之已音以遄市專反四爻同○初九當損下益上之時上應六四之陰輟所爲之事而速往以益之无咎之道也故其象占如此然居下而益上亦當斟酌其淺深也象曰已事遄往尚合志也尚上通○九二利貞征凶弗損益之九二剛中志在自守不肯妄進故占者利貞而征則凶也弗損益之言不變其所守乃所以益上也象曰九二利貞中以爲志也○六三三人行則損一人一人行則得其友下卦本乾而損上爻以益坤三人行而損一人也一陽上而一陰下一人行而得其友也兩相與則專三則雜而亂卦有

此象故戒占者當致一也象曰一人行三則疑也○六四損其疾使遄有喜无咎以初九之陽剛益已而損其陰柔之疾唯速則善戒占者如是則无咎矣象曰損其疾亦可喜也○六五或益之十朋之龜弗克違元吉柔順虛中以居尊位當損之時受天下之益者也兩龜為朋十朋之龜大寶也或以此益之而不能辭其吉可知占者有是德則獲其應也象曰六五元吉自上祐也○上九弗損益之无咎貞吉利有攸往得臣无家上九當損下益上之時居卦之上受益之極而欲自損以益人也然居上而益下有所謂惠而不費者不待損已然後可以益人也能如是則无咎然亦必以正則吉而利有

所往惠而不費其惠廣矣故又曰得臣无家象曰弗損益之大得志也

䷩ 震下巽上

益利有攸往利涉大川益增益也爲卦損上卦初畫之陽益下卦初畫之陰自上卦而下於下卦之下故爲益卦之九五六二皆得中正下震上巽皆木之象故其占利有所往而利涉大川也○象曰益損上益下民說无疆自上下下其道大光上下之下去聲○以卦體釋卦名義利有攸往中正有慶利涉大川木道乃行以卦體卦象釋卦辭益動而巽日進无疆天施地生其益

无方凡益之道與時偕行施始豉反○動巽二卦之德乾下施坤上生亦上文卦體之義又以此極言贊益之大○象曰風雷益君子以見善則遷有過則改風雷之勢交相助益遷善改過益之大者而其相益亦猶是也○初九利用爲大作元吉无咎初雖居下然當益下之時受上之益者也不可徒然无所報效故利用爲大作必元吉然後得无咎象曰元吉无咎下不厚事也下本不當任厚事故不如是不足以塞咎也○六二或益之十朋之龜弗克違永貞吉王用享于帝吉六二當益下之時虛中處下故其象占與損六五同然爻位皆陰故以永貞爲戒以其居下而受上之益故又爲卜郊之吉占

象曰或益之自外來也或者衆无定主之辭

○六三益之用凶事无咎有孚中行告公用圭六三陰柔不中不正不當得益者也然當益下之時居下之上故有益之以凶事者蓋警戒震動乃所以益之也占者如此然後可以无咎又戒以有孚中行而告公用圭也用圭所以通信

象曰益用凶事固有之也益用凶事欲其困心衡慮而固有之也

○六四中行告公從利用爲依遷國三四皆不得中故皆以中行爲戒此言以益下爲心而合於中行則告公而見從矣傳曰周之東遷晉鄭焉依蓋古者遷國以益下必有所依然後能立此爻又爲遷國之吉占也

象曰告公從以益志也

○九五有孚惠心勿問元吉

有孚惠我德上有信以惠於下則下亦有信以惠於上矣不問而元吉可知

象曰有孚惠心勿問之矣惠我德大得志也

○上九莫益之或擊之立心勿恒凶以陽居益之極求益不已故莫益而或擊之立心勿恒戒之也象曰莫益之偏辭也或擊之自外來也莫益之者猶從其求益之偏辭而言也若究而言之則又有擊之者矣

䷪ 乾下兌上

夬揚于王庭孚號有厲告自邑不利即戎利有攸往夬古快反號戶羔反卦內並同○夬決也陽決陰也三月之卦也以五陽

去一陰決之而已然其決之也必正名其罪而盡誠以呼號其衆相與合力然亦尚有危厲不可安肆又當先治其私而不可專尚威武則利有所往也皆戒之之辭○

彖曰夬決也剛決柔也健而說決而和說音悅○釋卦名義而贊其德揚于王庭柔乘五剛也孚號有厲其危乃光也告自邑不利即戎所尚乃窮也利有攸往剛長乃終也長丁丈反○此釋卦辭柔乘五剛以卦體言謂以一小人加於衆君子之上是其罪也剛長乃終謂一變則爲純乾也○

象曰澤上於天夬君子以施祿及下居德則忌上時掌反施始豉反○澤上於天潰決之勢也施祿及下潰決之意也居德則忌未詳○

初九壯于前趾往不勝爲咎前猶進也當決之時居下任壯不勝宜矣故其象占如此象曰不勝而往咎也○九二惕號莫夜有戎勿恤莫音暮○九二當決之時剛而居柔又得中道故能憂惕號呼以自戒備而莫夜有戎亦可无患也象曰有戎勿恤得中道也○九三壯于頄有凶君子夬夬獨行遇雨若濡有慍无咎頄求龜反○頄顴也九三當決之時以剛而過乎中是欲決小人而剛壯見于面目也如是則有凶道矣然在衆陽之中獨與上六爲應若能果決其決不係私愛則雖合於上六如獨行遇雨至於若濡而爲君子所慍然終必能決去小人而无所咎也溫嶠之於王敦其事類此象曰君子夬夬終无

咎也○九四臀无膚其行次且牽羊悔亡聞言不信臀徒敦反次七私反且七余反姤卦同○以陽居陰不中不正居則不安行則不進若不與衆陽競進而安出其後則可以亡其悔然當決之時志在上進必不能也占者聞言而信則轉凶而吉矣牽羊者當其前則不進縱之使前而隨其後則可以行矣象曰其行次且位不當也聞言不信聰不明也○九五莧陸夬夬中行无咎○莧閑辨反莧陸今馬齒莧感陰氣之多者九五當決之時爲決之主而切近上六之陰如莧陸然若決而決之而又不爲過暴合於中行則无咎矣戒占者當如是也象曰中行无咎中未光也程傳備矣傳曰卦辭言夬夬則於中行爲无咎矣象復盡其義云中

未光也夫人心正意誠乃能極中正之道而充實光輝五心有所比以義之不可而決之雖行於外不失中正之義可以无咎然於中道未得爲光大也蓋人心一有所欲則離道矣夫子於此示人之意深矣○上六无號終有凶陰柔小人居窮極之時黨類已盡无所號呼終必有凶也占者有君子之德則其敵當之不然反是

象曰无號之凶終不可長也

巽下乾上

姤女壯勿用取女姤古后反取七喻反○姤遇也決盡則爲純乾四月之卦至姤然後一陰可見而爲五月之卦以其本非所望而卒然值之如不期而遇者故爲遇遇已非正又一陰而遇五陽則女德不貞而壯之甚也取以自配必害乎陽故其象

占如此○象曰姤遇也柔遇剛也釋卦名勿用取女不可與長也釋卦辭天地相遇品物咸章也以卦體言剛遇中正天下大行也指九五姤之時義大矣哉幾微之際聖人所謹○象曰天下有風姤后以施命誥四方○初六繫于金柅貞吉有攸往見凶羸豕孚蹢躅柅乃李反又女紀反○柅所以止車以金爲之其剛可知一陰始生靜正則吉往進則凶故以二義戒小人使不害於君子則有吉而无凶然其勢不可止也故以羸豕蹢躅曉君子使深爲之備云象曰繫于金柅柔道牽也牽進也以其進故止之○九二包有魚无咎

不利賓。魚陰物。二與初遇。爲包有魚之象。然制之在己。故猶可以无咎。若不制而使遇於衆。則其爲害廣矣。故其象占如此。象曰。包有魚。義不及賓也。○九三。臀无膚。其行次且。厲。无大咎。九三過剛不中。下不遇於初。上无應於上。居則不安。行則不進。故其象占如此。然旣无所遇。則无陰邪之傷。故雖危厲而无大咎也。象曰。其行次且。行未牽也。○九四。包无魚。起凶。初六正應。已遇於二而不及於己。故其象占如此。象曰。无魚之凶。遠民也。遠。袁萬反。○民之去己。猶己遠之。○九五。以杞包瓜。含章。有隕自天。瓜。陰物之在下者。甘美而善潰。杞。高大堅實之木也。五以陽剛中正。主卦於上。而下防始生必潰之陰。其象如此。然陰陽迭勝時運之常若能含晦章美静以制之則可以回造化矣有隕自天本无而倐有之象也象曰九五含章中正也有隕自天志不舍命也舍音捨○上九姤其角吝无咎角剛乎上者也上九以剛居上而无位不得其遇故其象占與九三類象曰姤其角上窮吝也

䷬ 坤下兌上

萃亨王假有廟利見大人亨利貞用大牲吉利有攸往假更白反○萃聚也坤順兌說九五剛中而二應之又爲澤上於地萬物萃聚之象故爲萃亨字衍文王假有廟言王者可以至于宗廟之中王者卜祭之吉

占也祭義曰公假于太廟是也廟所以聚祖考之精神又人必能聚己之精神則可以至于廟而承祖考也物既聚則必見大人而後可以得亨然又必利於正所聚不正則亦不能亨也大牲必聚而後有聚則可以有所往皆占吉而有戒之辭○彖曰萃聚也順以說剛中而應故聚也說音悅○以卦德卦體釋卦名義王假有廟致孝享也利見大人亨聚以正也用大牲吉利有攸往順天命也釋卦辭觀其所聚而天地萬物之情可見矣極言其理而贊之○象曰澤上於地萃君子以除戎器戒不虞上時掌反○除者脩而聚之之謂○初六有孚不終乃亂乃

萃若號一握爲笑勿恤往无咎號平聲○初六上應九四而隔於二陰當萃之時不能自守是有孚而不終志亂而妄聚也若呼號正應則衆以爲笑但勿恤而往從正應則无咎矣戒占者當如是也象曰乃亂乃萃其志亂也○六二引吉无咎孚乃利用禴禴羊畧反○二應五而雜於二陰之間必牽引以萃乃吉而无咎又二中正柔順虛中以上應九五剛健中正誠實而下交故卜祭者有其孚誠則雖薄物亦可以祭矣象曰引吉无咎中未變也○六三萃如嗟如无攸利往无咎小吝六三陰柔不中不正上无應與欲求萃於近而不得故嗟如而无所利唯往從於上可以无咎然不得其萃困然後往復得陰極无位之爻亦可小羞矣戒占

者當近捨不正之強援而遠結正應之窮交則无咎也象曰往无咎上

巽也○九四大吉无咎上比九五下比衆陰得其萃矣然以陽居

陰不正故戒占者必大吉然後得无咎也象曰大吉无咎位不當

也○九五萃有位无咎匪孚元永貞悔亡九五

剛陽中正當萃之時而居尊固无咎矣若有未信則亦脩其元永貞之德而悔亡矣戒占

者當如是也象曰萃有位志未光也未光謂匪孚○上

六齎咨涕洟无咎齎音咨又將啼反洟音夷象同○處萃之終陰柔无

位求萃不得故戒占者必如是而後可以无咎也象曰齎咨涕洟未

安上也

䷭ 巽下坤上

升元亨用見大人勿恤南征吉升進而上也卦自解來柔上居四內巽外順九二剛中而五應之是以其占如此南征前進也○彖曰柔以時升以卦變釋卦名巽而順剛中而應是以大亨以卦德卦體釋卦辭用見大人勿恤有慶也南征吉志行也○象曰地中生木升君子以順德積小以高大王肅本順作慎今按他書引此亦多作慎意尤明白蓋古字通用也說見上篇彖卦○初六允升大吉初以柔順居下巽之主也當升之時巽於二陽占者如之則信能升而大吉矣象曰允升大吉上合志也

○九二孚乃利用禴无咎義見萃卦象曰九二之孚有喜也○九三升虛邑陽實陰虛而坤有國邑之象九三以陽剛當升時而進臨於坤故其象占如此象曰升虛邑无所疑也○六四王用亨于岐山吉无咎義見隨卦象曰王用亨于岐山順事也以順而升登祭于山之象○六五貞吉升階以陰居陽當升而居尊位必能正固則可以得吉而升階矣階升之易者象曰貞吉升階大得志也○上六冥升利于不息之貞以陰居升極昏冥不已者也占者遇此无適而利但可反其不已於外之心施之於不息之止而已象曰冥升在上消不富也

䷮ 坎下兌上

困亨貞大人吉无咎有言不信困者窮而不能自振之義坎剛爲兌柔所揜九二爲二陰所揜四五爲上六所揜所以爲困坎險兌說處險而說是身雖困而道則亨也二五剛中又有大人之象占者處困能亨則得其正矣非大人其孰能之故曰貞又曰大人者明不正之小人不能當也有言不信又戒以當務晦默不可尚口益取困窮

○彖曰困剛揜也以卦體釋卦名險以說困而不失其所亨其唯君子乎貞大人吉以剛中也有言不信尚口乃窮也說音悅○以卦德卦體釋卦辭

○象曰澤无水困君子以致命遂志水下漏則澤上

枯故曰澤无水致命猶言授命言持以與人而不之有也能如是則雖困而亨矣○

初六臀困于株木入于幽谷三歲不覿臀物之底也困于株木傷而不能安也初六以陰柔處困之底居暗之甚故其象占如此象曰入于幽谷幽不明也○九二困于酒食朱紱方來利用亨祀征凶无咎○紱音弗亨讀作享困于酒食厭飫苦惱之意酒食人之所欲然醉飽過宜則是反為所困矣朱紱方來上應之也九二有剛中之德以處困時雖无凶害而反困於得其所欲之多故其象如此而其占利以享祀若征行則非其時故凶而於義為无咎也象曰困于酒食中有慶也○六三困于石據于蒺藜入于其宮不見

其妻凶陰柔而不中正故有此象而其占則凶石指四蒺蔾指二宮謂三而妻則六也其義則繫辭備矣象曰據于蒺蔾乘剛也入于其宮不見其妻不祥也○九四來徐徐困于金車吝有終初六九四之正應九四處位不當不能濟物而初六方困於下又爲九二所隔故其象如此然邪不勝正故其占雖爲可吝而必有終也金車爲九二象未詳疑坎有輪象也象曰來徐徐志在下也雖不當位有與也○九五劓刖困于赤紱乃徐有說利用祭祀劓音見睽刖音月說音悅○劓刖者傷於上下上下既傷則赤紱无所用而反爲困矣九五當困之時上爲陰揜下則乘剛故有此象然剛中而說體故能遲久而有說

也占具象中又利用祭祀久當獲福象曰劓刖志未得也乃徐有說以中直也利用祭祀受福也○上六困于葛藟于臲卼曰動悔有悔征吉藟力軌反臲五結反卼五骨反○以陰柔處困極故有困于葛藟于臲卼曰動悔之象然物窮則變故其占曰若能有悔則可以征而吉矣象曰困于葛藟未當也動悔有悔吉行也

䷯巽下坎上

井改邑不改井无喪无得往來井井汔至亦未繘井羸其瓶凶喪息浪反汔許訖反繘音橘羸律裴反○井者穴地

出水之處以巽木入乎坎水之下而上出其水故爲井井改邑不改井故无喪无得而往者來者皆井其井也汔幾也繘綆也羸敗也汲井幾至未盡綆而敗其瓶則凶也其占爲事仍舊无得喪而又當敬勉不可幾成而敗也○彖曰巽乎水而上水井井養而不窮也上時掌反○以卦象釋卦名義改邑不改井乃以剛中也汔至亦未繘井未有功也羸其瓶是以凶也以卦體釋卦辭无喪无得往來井井兩句意與不改井同故不復出剛中以二五而言未有功而敗其瓶所以凶也○象曰木上有水井君子以勞民勸相上如字又時掌反勞力報反相息亮反○木上有水津潤上行井之象也勞民者以君養民勸相者使民相養皆取井養之義

○初六井泥不食舊井无禽泥乃計反○井以陽剛爲泉上出爲功初六以陰居下故爲此象蓋井不泉而泥則人所不食而禽鳥亦莫之顧也象曰井泥不食下也舊井无禽時舍也舍音捨○言爲時所棄○九二井谷射鮒甕敝漏谷余六反音育射石亦反鮒音附○九二剛中有泉之象然上无正應下比初六功不上行故其象如此象曰井谷射鮒无與也○九三井渫不食爲我心惻可用汲王明並受其福渫息列反○渫不停汚也井渫不食而使人心惻可用汲矣王明則汲井以及物而施者受者並受其福也九三以陽居陽在下之上而未爲時用故其象占如此象曰井渫不食行惻也求

王明受福也行惻者行道之人皆以爲惻也○六四井甃无咎甃側救反○以六居四雖得其正然陰柔不泉則但能脩治而无及物之功故其象爲井甃而占則无咎占者能自脩治則雖无及物之功而亦可以无咎矣象曰井甃无咎脩井也○九五井冽寒泉食○冽音列冽潔也陽剛中正功及於物故爲此象占者有其德則契其象也象曰寒泉之食中正也○上六井收勿幕有孚元吉收詩救反又如字幕音莫○收汲取也晁氏云收鹿盧收繘者也亦通幕蔽覆也有孚謂其出有源而不窮也井以上出爲功而坎口不揜故上六雖非陽剛而其象如此然占者應之必有孚乃元吉也象曰元吉在上大成也

䷰ 離下兌上

革巳日乃孚元亨利貞悔亡革變革也兌澤在上離火在下火然則水乾水決則火滅中少二女合爲一卦而少上中下志不相得故其卦爲革也變革之初人未之信故必巳日而後信又以其內有文明之德而外有和說之氣故其占爲有所更革皆大亨而得其正所革皆當而所革之悔亡也一有不正則所革不信不通而悔反有矣○彖曰革水火相息二女同居其志不相得曰革以卦象釋卦名義大畧與睽相似然以相違而爲睽相息而爲革也息滅息也又爲生息之義滅息而後生息也巳日乃孚革而信之文明以說大亨以正革而當其悔乃亡說音悅當

去聲○以卦德釋卦辭天地革而四時成湯武革命順乎天而應乎人革之時大矣哉極言而贊其大也○象曰澤中有火革君子以治歷明時治平聲○四時之變革之大者○初九鞏用黃牛之革鞏九勇反○雖當革時居初无應未可有爲故爲此象鞏固也黃中色牛順物革所以固物亦取卦名而義不同也其占爲當堅確固守而不可以有爲聖人之於變革其謹如此象曰鞏用黃牛不可以有爲也○六二巳日乃革之征吉无咎六二柔順中正而爲文明之主有應於上於是可以革矣然必巳日然後革之則征吉而无咎戒占者猶未可遽變也象曰巳日革之行有嘉

也○九三征凶貞厲革言三就有孚過剛不中居離之極躁動於革者也故其占有征凶貞厲之戒然其時則當革故至於革言三就則亦有孚而可革也象曰革言三就又何之矣言已審○九四悔亡有孚改命吉以陽居陰故有悔然卦已過中水火之際乃革之時而剛柔不偏又革之用也是以悔亡然又必有孚然後革乃可獲吉明占者有其德而當其時又必有信乃悔亡而得吉也象曰改命之吉信志也○九五大人虎變未占有孚虎大人之象變謂希革而毛毨在大人則自新新民之極順天應人之時也九五以陽剛中正爲革之主故有此象占而得此則有此應然亦必自其未占之時人已信其如此乃足以當之耳象曰大

人虎變其文炳也○上六君子豹變小人革面征凶居貞吉革道已成君子如豹之變小人亦革面以聽從矣不可以往而居正則吉變革之事非得已者不可以過而上六之才亦不可以有行也故占者如之象曰君子豹變其文蔚也小人革面順以從君也蔚紆胃反

䷱ 巽下離上

鼎元吉亨鼎烹飪之器爲卦下陰爲足二三四陽爲腹五陰爲耳上陽爲鉉有鼎之象又以巽木入離火而致烹飪鼎之用也故其卦爲鼎下巽巽也上離爲目而五爲耳有內巽順而外聰明之象卦自巽來陰進居五而下應九二之陽故其占曰元亨吉衍

文也○象曰鼎象也以木巽火亨飪也聖人亨以享上帝而大亨以養聖賢亨普庚反飪入甚反○以卦體二象釋卦名義因極其大而言之享帝貴誠用犢而已養賢則饔飧牢禮當極其盛故曰大亨巽而耳目聰明柔進而上行得中而應乎剛是以元亨上時掌反○以卦象卦變卦體釋卦辭○象曰木上有火鼎君子以正位凝命鼎重器也故有正位凝命之意凝猶至道不凝之凝傳所謂協于上下以承天休者也○初六鼎顛趾利出否得妾以其子无咎出尺遂反又如字否音鄙○居鼎之下鼎趾之象也上應九四則顛矣然當卦初鼎未有實而舊有否惡之積焉因其顛而出

之則爲利矣得妾而因得其子亦猶是也此爻之象如此而其占无咎蓋因敗以爲功因賤以致貴也象曰鼎顛趾未悖也利出否以從貴也鼎而顛趾悖道也而因可出否以從貴則未爲悖也從貴謂應四亦爲取新之意○九二鼎有實我仇有疾不我能卽吉仇音求○以剛居中鼎有實之象也我仇謂初陰陽相求而非正則相陷於惡而爲仇矣二能以剛中自守則初雖近不能以就之是以其象如此而其占爲如是則吉也象曰鼎有實慎所之也我仇有疾終无尤也有實而不慎其所往則爲仇所卽而陷於惡矣○九三鼎耳革其行塞雉膏不食方雨虧悔終吉行下孟反塞悉則反○以陽居鼎腹之中本有

美實者也然以過剛失中越五應上又居下之極爲變革之時故爲鼎耳方革而不可舉移雖承上卦文明之腴有雉膏之美而不得以爲人之食然以陽居陽爲得其正苟能自守則陰陽將和而失其悔矣占者如是則初雖不利而終得吉也

象曰鼎耳革失其義也○九四鼎折足覆公餗其形渥凶○折之舌反覆方服反餗送六反渥乙角反晁氏曰形渥諸本作刑剭謂重刑也今從之九四居上任重者也而下應初六之陰則不勝其任矣故其象如此而其占凶也

象曰覆公餗信如何也言失信也○六五鼎黃耳金鉉利貞鉉玄典反○五於象爲耳而有中德故云黃耳金堅剛之物鉉貫耳以舉鼎者也五虛中以應九二之堅剛故其象如此而其占則利在貞固而已或曰金鉉

以上九而言更詳之象曰鼎黃耳中以爲實也○上九鼎玉鉉大吉无不利上於象爲鉉而以陽居陰剛而能溫故有玉鉉之象而其占爲大吉无不利蓋有是德則如其占也象曰玉鉉在上剛柔節也

☳☳

震下震上

震亨震來虩虩笑言啞啞震驚百里不喪匕鬯虩許逆反啞烏客反喪息浪反匕必以反鬯勑亮反○震動也一陽始生於二陰之下震而動也其象爲雷其屬爲長子震有亨道震來當震之來時也虩虩恐懼驚顧之貌震驚百里以雷言匕所以舉鼎實鬯以秬黍酒和鬱金所以灌地降神者也不喪匕鬯以

長子言也此卦之占爲能恐懼則致福而不失其所主之重○象曰震亨震有亨道不待言也震來虩虩恐致福也笑言啞啞後有則也恐致福恐懼以致福也則法也震驚百里驚遠而懼邇也出可以守宗廟社稷以爲祭主也程子以爲邇也下脫不喪匕鬯四字今從之出謂繼世而主祭也或云出即鬯字之誤○象曰洊雷震君子以恐懼脩省洊在薦反省悉井反○初九震來虩虩後笑言啞啞吉成震之主處震之初故其占如此象曰震來虩虩恐致福也笑言啞啞後有則也○六二震來厲億喪貝躋于九陵勿逐

七日得。躋子西反。○六二乘初九之剛，故當震之來而危厲也。億字未詳。又當喪其貨貝而升於九陵之上。然柔順中正，足以自守，故不求而自獲也。此爻占具象中，但九陵七日之象則未詳耳。

象曰：震來厲，乘剛也。

○六三：震蘇蘇，震行无眚。蘇蘇緩散自失之狀。以陰居陽，當震時而居不正，是以如此。占者若因懼而能行，以去其不正，則可以无眚矣。

象曰：震蘇蘇，位不當也。

○九四：震遂泥。泥乃計反。○以剛處柔，不中不正，陷於二陰之間，不能自震也。遂者，无反之意。泥，滯溺也。

象曰：震遂泥，未光也。

○六五：震往來厲，億无喪有事。喪息浪反。○以六居五而處震時，无時而不危也。以其得中，故无所喪而能有事也。占者不失其中，則雖危无喪矣。

象

曰震往來厲危行也其事在中大无喪也○

上六震索索視矍矍征凶震不于其躬于其鄰无咎婚媾有言〔索桑落反矍俱縛反○以陰柔處震極故爲索索矍矍之象以是而行其凶必矣然能及其震未及其身之時恐懼脩省則可以无咎而亦不能免於婚媾之有言戒占者當如是也〕

象曰震索索中未得也〔中謂中心〕

雖凶无咎畏鄰戒也

䷳ 艮下艮上

艮其背不獲其身行其庭不見其人无咎〔艮止也一陽止於二陰之上陽自下升極上而止也其象爲山取坤地而隆其上之狀亦止於

極而不進之意也其占則必能止于背而不有其身行其庭而不見其人乃无咎也蓋身動物也唯背爲止艮其背則止於所當止也止於所當止則不隨身而動矣是不有其身也如是則雖行於庭除有人之地而亦不見其人矣蓋艮其背而不獲其身者止而止也行其庭而不見其人者行而止也動靜各止其所而皆主夫靜焉所以得无咎也○

彖曰艮止也時止則止時行則行動靜不失其時其道光明此釋卦名艮之義則止也然行止各有其時故時止而止止也時行而行亦止也艮體篤實故又有光明之義大畜於艮亦以輝光言之艮其止止其所也上下敵應不相與也是以不獲其身行其庭不見其人无咎也此釋卦辭易背爲止以明

背即止也背者止之所也以卦體言內外之
卦陰陽敵應而不相與也不相與則內不見
己外不見人而无咎矣晁氏
云艮其止當依卦辭作背 ○象曰兼山艮
君子以思不出其位 ○初六艮其趾无咎利
永貞 以陰柔居艮初爲艮趾之象占者如之
則无咎而又以其陰柔故又戒其利永
貞也 象曰艮其趾未失正也 ○六二艮其腓不
拯其隨其心不快 拯之凌反 ○六二居中得
正既止其腓矣三爲限則
腓所隨也而過剛不中以止乎上二雖中正
而體柔弱不能往而拯之是以其心不快也
此爻占在象中下爻放此 象曰不拯其隨未退聽也 三止乎上
亦不肯退而聽乎二也 ○九三艮其限列其夤厲熏心

夤引眞反○限身上下之際即腰胯也夤膂也止于腓則不進而已九三以過剛不中當限之處而艮其限則不得屈伸而上下判隔如列其夤矣危厲熏心不安之甚也

象曰艮其限危熏心也

○六四艮其身无咎以陰居陰時止而止故爲艮其身之象而占得无咎也

象曰艮其身止諸躬也

○六五艮其輔言有序悔亡六五當輔之處故其象如此而其占悔亡也悔謂以陰居陽

象曰艮其輔以中正也正字羨文叶韻可見

○上九敦艮吉以陽剛居止之極敦厚於止者也

象曰敦艮之吉以厚終也

䷴ 艮下巽上

漸女歸吉利貞漸漸進也爲卦止於下而巽於上爲不遽進之義有女歸之象焉又自二至五位皆得正故其占爲女歸吉而又戒以利貞也○象曰漸之進也女歸吉也之字疑衍或是漸字進得位往有功也進以正可以正邦也以卦變釋利貞之意蓋此卦之變自渙而來九進居三自旅而來九進居五皆爲得位之正其位剛得中也以卦體言謂九五也止而巽動不窮也以卦德言漸進之義○象曰山上有木漸君子以居賢德善俗二者皆當以漸而進疑賢字衍或善下有脫字○初六鴻漸于干小子厲有言无咎鴻之行有序而進有漸干水涯也始進於下未得所安而上復无應故其象如

此而其占則爲小子厲雖有言而於義則无咎也象曰小子之厲義无咎也○六二鴻漸于磐飲食衎衎吉衎苦旱反○磐大石也漸遠於水進於磐而益安矣衎衎和樂意六二柔順中正進以其漸而上有九五之應故其象如此而占則吉也象曰飲食衎衎不素飽也素飽如詩言素餐得之以道則不爲徒飽而處之安矣○九三鴻漸于陸夫征不復婦孕不育凶利禦寇○復房六反鴻水鳥陸非所安也九三過剛不中而无應故其象如此而其占夫征則不復婦孕則不育凶莫甚焉然以其過剛也故利禦寇象曰夫征不復離羣醜也婦孕不育失其道也利用禦寇順相保也離力智反

○六四鴻漸于木或得其桷无咎桷音角鴻不木棲桷平柯也或得平柯則可以安矣六四乘剛而順巽故其象如此占者如之則无咎也

象曰或得其桷順以巽也○九五鴻漸于陵婦三歲不孕終莫之勝吉陵高阜也九五居尊六二正應在下而爲三四所隔然終不能奪其正也故其象如此而占者如是則吉也

象曰終莫之勝吉得所願也○上九鴻漸于陸其羽可用爲儀吉胡氏程氏皆云陸當作逵謂雲路也今以韻讀之良是儀羽旄旌纛之飾也上九至高出乎人位之外而其羽毛可用以爲儀飾位雖極高而不爲无用之象故其占爲如是則吉也

象曰其羽可用爲儀吉不可

亂也漸進愈高而不爲无用其志卓然豈可得而亂哉

䷵兌下震上

歸妹征凶无攸利婦人謂嫁曰歸妹少女也兌以少女而從震之長男而其情又爲以説而動皆非正也故卦爲歸妹而卦之諸爻自二至五皆不得正三五又皆以柔乘剛故其占征凶而无所利也

○象曰歸妹天地之大義也天地不交而萬物不興歸妹人之終始也釋卦名義也歸者女之終生育者人之始説以動所歸妹也説音悦○又以卦德言之征凶位不當也无攸利柔乘剛也又以卦體釋卦辭男女之交本皆正理唯若此卦則不得其正也

○象曰澤

上有雷歸妹君子以永終知敝雷動澤隨歸妹之象君子觀其合之不正知其終之有敝也推之事物莫不皆然○初九歸妹以娣跛能履征吉娣音弟跛波我反○初九陽居下而无正應故為娣象然則承剛在女子為賢正之德但為娣之賤僅能承助其君而已故又為跛能履之象而其占則征吉也象曰歸妹以娣以恒也跛能履吉相承恒謂有常久之德也○九二眇能視利幽人之貞眇能視承上爻而言九二陽剛得中女之賢也上有正應而反陰柔不正乃女賢而配不良不能大成內助之功故為眇能視之象而其占則利幽人之貞也幽人亦抱道守正而不偶者也象曰利幽人之貞未變常也○六三歸妹

以須反歸以娣六三陰柔而不中正又爲說之主女之不正人莫之取者也故爲未得所適而反歸爲娣之象或曰須女之賤者象曰歸妹以須未當也○九四歸妹愆期遲歸有時九四以陽居上體而无正應賢女不輕從人而愆期以待所歸之象正與六三相反象曰愆期之志有待而行也○六五帝乙歸妹其君之袂不如其娣之袂良月幾望吉袂彌計反○六五柔中居尊下應九二尚德而不貴飾故爲帝女下嫁而服不盛之象然女德之盛无以加此故又爲月幾望之象而占者如之則吉也象曰帝乙歸妹不如其娣之袂良也其位在中以貴行也以其有中德之貴而行故

不尚飾○上六女承筐无實士刲羊无血无攸

利刲苦圭反○上六以陰柔居歸妹之終而无應約婚而不終者也故其象如此而於

占爲无所利也象曰上六无實承虛筐也

䷶ 離下震上

豐亨王假之勿憂宜日中假更白反○豐大也以明而動盛大

之勢也故其占有亨道焉然王者至此盛極當衰則又有憂道焉聖人以爲徒憂无益但

能守常不至於過盛則可矣故戒以勿憂宜日中也○象曰豐大也明

以動故豐以卦德釋卦名義王假之尚大也勿憂宜

日中宜照天下也釋卦辭日中則昃月盈則食

天地盈虛，與時消息，而況於人乎？況於鬼神乎？此又發明卦辭外意，言不可過中也。○象曰：雷電皆至，豐。君子以折獄致刑。折，之舌反。○取其威照並行之象。○初九：遇其配主，雖旬无咎，往有尚。配主，謂四。旬，均也，謂皆陽也。當豐之時，明動相資，故初九之遇九四，雖皆陽剛，而其占如此也。○象曰：雖旬无咎，過旬災也。戒占者不可求勝其配，亦爻辭外意。○六二：豐其蔀，日中見斗，往得疑疾，有孚發若，吉。蔀，音部。○六二居豐之時，為離之主，至明者也，而上應六五之柔暗，故為豐蔀見斗之象。蔀，障蔽也，大其障蔽，故日中而昏也。往而從之，則昏暗之主必反見疑，唯在積其誠意以感發之則吉。戒占者宜如是也。虛中有孚之象。象曰：有孚發若，信以發志也。○九三：豐其沛，日中見沬，折其右肱，无咎。沬昧同莫佩反，折食列反。○沛一作旆，謂旛幔也，其蔽甚於蔀矣。沬，小星也。三處明極而應上六，雖不可用而非咎也，故其象占如此。象曰：豐其沛，不可大事也；折其右肱，終不可用也。○九四：豐其蔀，日中見斗，遇其夷主，吉。象與六二同。夷，等夷也，謂初九也。其占爲當豐而遇暗主，下就同德則吉也。象曰：豐其蔀，位不當也；日中見斗，幽不明也；遇其夷主，吉行也。○六五：來章，有慶譽，吉。質雖柔暗，若能來致天下之明，則有慶譽而吉矣。蓋因其柔暗而設

此以開之占者能如是則如其占矣○象曰六五之吉有慶也○

上六豐其屋蔀其家闚其戶闃其无人三歲不覿凶闃苦鶪反○以陰柔居豐極處動終明極而反暗者也故為豐大其屋而反以自蔽之象无人不覿亦言障蔽之深其凶甚矣象曰豐其屋天際翔也闚其戶闃其无人自藏也藏謂障蔽

䷷ 艮下離上

旅小亨旅貞吉旅羇旅也山止於下火炎於上為去其所止而不處之象故為旅以六五得中於外而順乎上下之二陽艮止而離麗於明故其占可以小亨而能守其旅之貞則吉旅非常居若可苟者然道无不在故自有其正不可須臾離也○

彖曰旅小亨柔得中乎外而順乎剛止而麗乎明是以小亨旅貞吉也以卦體卦德釋卦辭旅之時義大矣哉旅之時爲難處○象曰山上有火旅君子以明慎用刑而不留獄慎刑如山不留如火○初六旅瑣瑣斯其所取災當旅之時以陰柔居下位故其象占如此象曰旅瑣瑣志窮災也○六二旅卽次懷其資得童僕貞卽次則安懷資則裕得其童僕之貞信則无欺而有賴旅之最吉者也二有柔順中正之德故其象占如此象曰得童僕貞終无尤也○九三旅焚其次喪其童僕貞厲喪息浪反象同○過

剛不中居下之上故其象占如此喪其童僕則不止於失其心矣故貞字連下句爲義

象曰旅焚其次亦以傷矣以旅與下其義喪也

以旅之時而與下之道如此義當喪也

○九四旅于處得其資斧我心不快

以陽居陰處上之下用柔能下故其象占如此然非其正位又上无剛陽之與下唯陰柔之應故其心有所不快也

象曰旅于處未得位也得其資斧心未快也

○六五射雉一矢亡終以譽命

射雉亦有文明之物離之象也六五柔順文明又得中道爲離之主故得此爻者爲射雉之象雖不无亡矢之費而所喪不多終有譽命也

象曰終以譽命上逮也

上逮言其譽命聞於上也

○上九

鳥焚其巢旅人先笑後號咷喪牛于易凶喪易並去聲○上九過剛處旅之上離之極驕而不順凶之道也故其象占如此象曰以旅在上其義焚也喪牛于易終莫之聞也

☴☴ 巽下巽上

巽小亨利有攸往利見大人巽入也一陰伏於二陽之下其性能巽以入也其象爲風亦取入義陰爲主故其占爲小亨以陰從陽故又利有所往然必知所從乃得其正故又曰利見大人也○彖曰重巽以申命釋卦義也巽順而入必究乎下命令之象重巽故爲申命也剛巽乎中正而志行柔皆順乎剛是以小亨利有攸往利見

大人以卦體釋卦辭剛巽乎中正而志行指九五柔謂初四○象曰隨風巽君子以申命行事隨相繼之義○初六進退利武人之貞初以陰居下爲巽之主卑巽之過故爲進退不果之象若以武人之貞處之則有以濟其所不及而得所宜矣象曰進退志疑也利武人之貞志治也○九二巽在牀下用史巫紛若吉无咎二以陽處陰而居下有不安之意然當巽之時不厭其卑而二又居中不至已甚故其占爲能過於巽而丁寧煩悉其辭以自道達則可以吉而无咎亦竭誠意以祭祀之吉占也象曰紛若之吉得中也○九三頻巽吝過剛不中居下之上非能巽者勉爲屢失吝之道也故其象占如此象

曰頻巽之吝志窮也○六四悔亡田獲三品陰柔无應承乘皆剛宜有悔也而以陰居陰處上之下故得悔亡而又爲卜田之吉占也三品者一爲乾豆一爲賓客一以充庖象曰田獲三品有功也

○九五貞吉悔亡无不利无初有終先庚三日後庚三日吉先西薦反後胡豆反○九五剛健中正而居巽體故有悔以有貞而吉也故得亡其悔而无不利有悔是无初也亡之是有終也庚更也事之變也先庚三日丁也後庚三日癸也丁所以丁寧於其變之前癸所以揆度於其變之後有所變更而得此占者如是則吉也象曰九五之吉位正中也

○上九巽在牀下喪其資斧貞凶喪息浪反下同○巽在牀

下過於巽者也喪其資斧失所以斷也如是則雖貞亦凶矣居巽之極失其陽剛之德故其象占如此

象曰巽在牀下上窮也喪其資斧正乎凶也正乎凶言必凶

䷹ 兌下兌上

兌亨利貞兌說也一陰進乎二陽之上喜之見乎外也其象爲澤取其說萬物又取坎水而塞其下流之象卦體剛中而柔外剛中故說而亨柔外故利於貞蓋說有亨道而其妄說不可以不戒故其占如此又柔外故爲說亨剛中故利於貞亦一義也

○彖曰兌說也說音悅下同釋卦名義剛中而柔外說以利貞是以順乎天而應乎人說以先民民忘

其勞說以犯難民忘其死說之大民勸矣哉先西薦反又如字難乃旦反以卦體釋卦辭而極言之○象曰麗澤兌君子以朋友講習兩澤相麗互相滋益朋友講習其象如此○初九和兌吉以陽爻居說體而處最下又无係應故其占如此○象曰和兌之吉行未疑也居卦之初其說也正未有所疑也○九二孚兌吉悔亡剛中爲孚居陰爲悔占者以孚而說則吉而悔亡矣○象曰孚兌之吉信志也○六三來兌凶陰柔不中正爲兌之主上无所應而反來就二陽以求說凶之道也象曰來兌之凶位不當也○九四商兌未寧介疾有喜四上承九五之中正

而下比六三之柔邪故不能決而商度所說未能有定然質本陽剛故能介然守正而疾惡柔邪也如此則有喜矣象占如此爲戒深矣象曰九四之喜有慶也

○九五孚于剝有厲剝謂陰能剝陽者也九五陽剛中正然當說之時而居尊位密近上六上六陰柔爲說之主處說之極能妄說以剝陽者也故其占但戒以信于上六則有危也象曰孚于剝位正當也與履九五同

○上六引兌上六成說之主以陰居說之極引下二陽相與爲說而不能必其從也故九五當戒而此爻不言其吉凶象曰上六引兌未光也

䷺ 坎下巽上

渙亨王假有廟利涉大川利貞渙呼亂反假庚白反○渙散也為卦下坎上巽風行水上離披解散之象故為渙其變則本自漸卦九來居二而得中六往居三得九之位而上同於四故其占可亨又以祖考之精神既散故王者當至於廟以聚之又以巽木坎水舟楫之象故利涉大川其曰利貞則占者之深戒也○象曰渙亨剛來而不窮柔得位乎外而上同上如字又時掌反以卦變釋卦辭○王假有廟王乃在中也中謂廟中利涉大川乘木有功也○象曰風行水上渙先王以亨于帝立廟皆所以合其散○初六用拯馬壯吉居卦之初渙之始也始渙而拯之為力既易又有壯馬其吉可知初六非有濟

渙之才但能順乎九二故其象占如此象曰初六之吉順也○

九二渙奔其机悔亡机音几○九而居二宜有悔也然當渙之時來而不窮能亡其悔者也故其象占如此蓋九奔而二机也象曰渙奔其机得願也○

六三渙其躬无悔陰柔而不中正有私於己之象也然居得陽位志在濟時能散其私以得无悔故其占如此大率此上四爻皆因渙以濟渙者也象曰渙其躬志在外也○

六四渙其羣元吉渙有丘匪夷所思居陰得正上承九五當濟渙之任者也下无應與爲能散其朋黨之象占者如是則大善而吉又言能散其小羣以成大羣使所散者聚而若丘則非常人思慮之所及也象曰渙其羣元吉光大

也○九五渙汗其大號渙王居无咎陽剛中正以居尊位當渙之時能散其號令與其居積則可以濟渙而无咎矣故其象占如此九五巽體有號令之象汗爲如汗之出而不反也渙王居如陸贄所謂散小儲而成大儲之意象曰王居无咎正位也○上九渙其血去逖出无咎去起呂反○上九以陽居渙極能出乎渙故其象占如此血謂傷害逖當作惕與小畜六四同言渙其血則去渙其惕則出也象曰渙其血遠害也遠袁萬反

䷻

兌下坎上

節亨苦節不可貞節有限而止也爲卦下兌上坎澤上有水其容有限

故爲節節固自有亨道矣又其體陰陽各半而二五皆陽故其占得亨然至於太甚則苦矣故又戒以不可守以爲貞也○象曰節亨剛柔分而剛得中以卦體釋卦辭苦節不可貞其道窮也又以理言說以行險當位以節中正以通說音悅○又以卦德卦體言之當位中正指五又坎爲通天地節而四時成節以制度不傷財不害民極言節道○象曰澤上有水節君子以制數度議德行行下孟反○初九不出戶庭无咎戶庭戶外之庭也陽剛得正居節之初未可以行能節而止者也故其象占如此象曰不出戶庭知通塞也塞悉則反○九二不出門

庭凶門庭門內之庭也九二當可行之時而失剛不正上无應與知節而不知通故其象占如此

象曰不出門庭凶失時極也○六三不節若則嗟若无咎陰柔而不中正以當節時非能節者故其象占如此也

象曰不節之嗟又誰咎也此无咎與諸爻異言无所歸咎

○六四安節亨柔順得正上承九五自然有節者也故其象占如此

象曰安節之亨承上道也○九五甘節吉往有尚所謂當位以節中正以通者也故其象占如此

象曰甘節之吉居位中也○上六苦節貞凶悔亡居節之極故爲苦節既處過極故雖得正而不免於凶然禮奢寧儉故雖有悔而終得亡之也

象曰苦

節貞凶其道窮也

兌下
巽上

中孚豚魚吉利涉大川利貞孚信也爲卦二陰在內四陽在外而二五之陽皆得其中以一卦言之爲中虛以二體言之爲中實皆孚信之象也又下說以應上上巽以順下亦爲孚義豚魚无知之物又木在澤上外實內虛皆舟楫之象至信可感豚魚涉險難而不可以失其貞故占者能致豚魚之應則吉而利涉大川又必利於貞也○彖曰中孚柔在內而剛得中說而巽孚乃化邦也說音悅○以卦體卦德釋卦名義豚魚吉信及豚魚也利涉大川乘木舟虛也以卦象言中孚以

利貞乃應乎天也信而正則應乎天矣○象曰澤上有風中孚君子以議獄緩死風感水受中孚之象議獄緩死中孚之意○初九虞吉有他不燕他湯何反○當中孚之初上應六四能度其可信而信之則吉復有他焉則失其所以度之之正而不得其所安矣戒占者之辭也○象曰初九虞吉志未變也○九二鳴鶴在陰其子和之我有好爵吾與爾靡之和胡臥反靡亡池反○九二中孚之實而九五亦以中孚之實應之故有鶴鳴子和我爵爾靡之象鶴在陰謂九居二好爵謂得中靡與縻同言懿德人之所好故好爵雖我之所獨有而彼亦係戀之也○象曰其子和之中心願也○六三得敵

或鼓或罷或泣或歌敵謂上九信之窮者六三陰柔不中正以居說極而與之爲應故不能自主而其象如此象曰或鼓或罷位不當也○六四月幾望馬匹亡无咎幾音機望无方反○六四居陰得正位近於君爲月幾望之象馬匹謂初與已爲匹四乃絕之而上以信於五故爲馬匹亡之象占者如是則无咎也象曰馬匹亡絕類上也上上聲○九五有孚攣如无咎攣力圓反○九五剛健中正中孚之實而居尊位爲孚之主者也下應九二與之同德故其象占如此象曰有孚攣如位正當也○上九翰音登于天貞凶居信之極而不知變雖得其貞亦凶道也故其象占如此雞曰翰音乃巽之象居巽之極爲登

于天雖非登天之物而欲登天信非所信而不知變亦猶是也象曰翰音登于天何可長也

䷽ 艮下震上

小過亨利貞可小事不可大事飛鳥遺之音不宜上宜下大吉小謂陰也爲卦四陰在外二陽在內陰多於陽小者過也既過於陽可以亨矣然必利於守貞則又不可以不戒也卦之二五皆以柔而得中故可小事三四皆以剛失位而不中故不可大事卦體內實外虛如鳥之飛其聲下而不上故能致飛鳥遺音之應則宜下而大吉亦不可大事之類也○彖曰小過小者過而亨也以卦體釋卦名義與其辭過以利貞與時

行也柔得中是以小事吉也（以二五言）剛失位而不中是以不可大事也（以三四言）有飛鳥之象焉飛鳥遺之音不宜上宜下大吉上逆而下順也（以卦體言）○象曰山上有雷小過君子以行過乎恭喪過乎哀用過乎儉（山上有雷其聲小過三者之過皆小者之過可過於小而不可過於大可以小過而不可甚過象所謂可小事而宜下者也）○初六飛鳥以凶（初六陰柔上應九四又居過時上而不下者也飛鳥遺音不宜上宜下故其象占如此郭璞洞林占得此者或致羽蟲之孽）象曰飛鳥以凶不可如何也○六二過其祖遇其妣

不及其君遇其臣无咎六二柔順中正進則過三四而遇六五是過陽而反遇陰也如此則不及六五而自得其分是不及君而適遇其臣也皆過而不過守正得中之意无咎之道也故其象占如此

象曰不及其君臣不可過也所以不及君而還過臣者以臣不可過故也

○九三弗過防之從或戕之凶戕在良反○小過之時事每當過然後得中九三以剛居正衆陰所欲害者也而自恃其剛不肯過為之備故其象占如此若占者能過防之則可以免矣

象曰從或戕之凶如何也

○九四无咎弗過遇之往厲必戒勿用永貞當過之時以剛處柔過乎恭矣无咎之道也弗過遇之言弗過於剛而適合其宜也往則過矣故有厲而當戒

陽性堅剛故又戒以勿用永貞言當隨時之宜不可固守也或曰弗過遇之若以六二爻例則當如此說若依九三爻例則過遇當如過防之義未詳孰是當闕以俟知者象曰弗過遇之位不當也往厲必戒終不可長也爻義未明此亦當闕○六五密雲不雨自我西郊公弋取彼在穴弋餘職反○以陰居尊又當陰過之時不能有爲而弋取六二以爲助故有此象在穴陰物也兩陰相得其不能濟大事可知象曰密雲不雨已上也已上太高也○上六弗遇過之飛鳥離之凶是謂災眚眚生領反○六以陰居動體之上處陰過之極過之已高而甚遠者也故其象占如此或曰遇過恐亦只當作過遇義同九四未知是否象曰

弗遇過之已亢也

䷾ 離下坎上

既濟亨小利貞初吉終亂既濟事之既成也爲卦水火相交各得其用六爻之位各得其正故爲既濟亨小當爲小亨大抵此卦及六爻占辭皆有警戒之意時當然也○彖曰既濟亨小者亨也濟下疑脫小字利貞剛柔正而位當也以卦體言指六二初吉柔得中也終止則亂其道窮也○象曰水在火上既濟君子以思患而豫防之○初九曳其輪濡其尾无咎曳以制反濡音如○輪在下尾在後初之象也曳輪則車不前濡尾

則狐不濟既濟之初謹戒如是
无咎之道占者如是則无咎矣象曰曳其輪
義无咎也○六二婦喪其茀勿逐七日得喪息
浪反茀力佛反○二以文明中正之德上應
九五剛陽中正之君宜得行其志而九五居
既濟之時不能下賢以行其道故二有婦喪
其茀之象茀婦車之蔽言失其所以行也然
中正之道不可終廢時過則行
矣故又有勿逐而自得之戒象曰七日得
以中道也○九三高宗伐鬼方三年克之小
人勿用既濟之時以剛居剛高宗伐鬼方之
象也三年克之言其久而後克戒占
者不可輕動之意小人
勿用占法與師上六同象曰三年克之憊也
憊蒲
拜反○六四繻有衣袽終日戒繻而朱反袽
女居反○既

濟之時以柔居柔能預備而戒懼者也故其象如此程子曰繻當作濡衣袽所以塞舟之罅漏

象曰終日戒有所疑也○九五東鄰殺牛不如西鄰之禴祭實受其福

東陽西陰言九五居尊而時已過不如六二之在下而始得時也又當文王與紂之事故其象占如此象辭初吉終亂亦此意也

象曰東鄰殺牛不如西鄰之時也實受其福吉大來也○上六濡其首厲

既濟之極險體之上而以陰柔處之爲狐涉水而濡其首之象占者不戒危之道也

象曰濡其首厲何可久也

䷿ 坎下離上

未濟亨小狐汔濟濡其尾无攸利○汔許訖反未濟事未成之時也水火不交不相爲用卦之六爻皆失其位故爲未濟汔幾也幾濟而濡尾猶未濟也占者如此何所利哉○彖曰未濟亨柔得中也指六五言小狐汔濟未出中也濡其尾无攸利不續終也雖不當位剛柔應也○象曰火在水上未濟君子以愼辨物居方水火異物各居其所故君子觀象而審辨之○初六濡其尾吝以陰居下當未濟之初未能自進故其象占如此象曰濡其尾亦不知極也極字未詳考上下韻亦不叶或恐是敬字今且闕之○九二曳其輪貞吉以九二應六五而居

柔得中爲能自止而不進得爲下之正也故其象占如此象曰九二貞吉中以行正也九居二本非正以中故得正也○六三未濟征凶利涉大川陰柔不中正居未濟之時以征則凶然以柔乘剛將出乎坎有利涉之象故其占如此蓋行者可以水浮而不可以陸走也或疑利字上當有不字象曰未濟征凶位不當也○九四貞吉悔亡震用伐鬼方三年有賞于大國以九居四不正而有悔也能勉而貞則悔亡矣然以不貞之資欲勉而貞非極其陽剛用力之久不能也故爲伐鬼方三年而受賞之象象曰貞吉悔亡志行也○六五貞吉无悔君子之光有孚吉以六居五亦非正也然文明之主居中應

剛虛心以求下之助故得貞而吉且无悔象又有光輝之盛信實而不妄吉而又吉也

曰君子之光其暉吉也暉者光之散也○上九有孚于飲酒无咎濡其首有孚失是以剛明居未濟之極時將可以有爲而自信自養以俟命无咎之道也若縱而不反如狐之涉水而濡其首則過於自信而失其義矣象曰飲酒濡首亦不知節也

周易卷之三

繫辭上傳 傳去聲後同

繫辭本謂文王周公所作之辭繫于卦爻之下者卽今經文此篇乃孔子所述繫辭之傳也以其通論一經之大體凡例故无經可附而自分上下云

天尊地卑乾坤定矣卑高以陳貴賤位矣動靜有常剛柔斷矣方以類聚物以羣分吉凶生矣在天成象在地成形變化見矣斷丁亂反見賢遍反○天地者陰陽形氣之實體乾坤者易中純陰純陽之卦名也卑高者天地萬物上下之位貴賤者易中卦爻上下之位也動者陽之常靜者陰之常剛柔者易中卦爻陰陽

之稱也方謂事情所向言事物善惡各以類分而吉凶者易中卦爻占決之辭也象者日月星辰之屬形者山川動植之屬變化者易中蓍策卦爻陰變爲陽陽化爲陰者也此言聖人作易因陰陽之實體爲卦爻之法象莊周所謂易以道陰陽此之謂也

是故剛柔相摩八卦相盪盪徒涙反○此言易卦之變化也六十四卦之初剛柔兩畫而已兩相摩而爲四四相摩而爲八八相盪而爲六十四

鼓之以雷霆潤之以風雨日月運行一寒一暑此變化之成象者

乾道成男坤道成女此變化之成形者此兩節文明易之見於實體者與上文相發明也

乾知大始坤作成物知猶主也乾主始物而坤作成之承上文男女而言乾坤之理蓋凡物之屬乎陰陽者莫不如此大抵陽

先陰後陽施陰受陽之輕清未形而陰之重濁有迹也乾以易知坤以簡能易以豉反○乾健而動即其所知便能始物而无所難故爲以易而知大始坤順而靜凡其所能皆從乎陽而不自作故爲以簡而能成物易則易知簡則易從易知則有親易從則有功有親則可久有功則可大可久則賢人之德可大則賢人之業人之所爲如乾之易則其心明白而人易知如坤之簡則其事要約而人易從易知則與之同心者多故有親易從則與之協力者衆故有功有親則可久有功則兼於外故可大德謂得於己者業謂成於事者上言乾坤之德不同此言人法乾坤之道至此則可以爲賢矣易簡而天下之理得矣天下

之理得而成位乎其中矣成位謂成人之位其中謂天地之中至此則體道之極功聖人之能事可以與天地參矣

右第一章此章以造化之實明作經之理又言乾坤之理分見於天地而人兼體之也

聖人設卦觀象繫辭焉而明吉凶象者物之似也此言聖人作易觀卦爻之象而繫以辭也剛柔相推而生變化言卦爻陰陽迭相推盪而陰或變陽陽或化陰聖人所以觀象而繫辭衆人所以因蓍而求卦者也

是故吉凶者失得之象也悔吝者憂虞之象也吉凶悔吝者易之辭也得失憂虞者事之變也得則吉失則凶憂虞雖未至凶然已

足以致悔而取羞矣蓋吉凶相對而悔吝居其中間悔自凶而趨吉吝自吉而向凶也故聖人觀卦爻之中或有此象則繫之以此辭也

變化者進退之象也剛柔者晝夜之象也六爻之動三極之道也

柔變而趨於剛者退極而進也剛化而趨於柔者進極而退也既變而剛則晝而陽矣既化而柔則夜而陰矣六爻初二爲地三四爲人五上爲天動卽變化也極至也三極天地人之至理三才各一太極也此明剛柔相推以生變化而變化之極復爲剛柔流行於一卦六爻之間而占者得因所值以斷吉凶也

是故君子所居而安者易之序也所樂而玩者爻之辭也

○樂音洛易之序謂卦爻所著事理當然之次第玩者觀之詳

是故君子居則觀其

象而玩其辭動則觀其變而玩其占是以自天祐之吉无不利象辭變已見上凡單言變者化在其中占謂其所値吉凶之決也

右第二章此章言聖人作易君子學易之事

彖者言乎象者也爻者言乎變者也彖謂卦辭文王所作者爻謂爻辭周公所作者象指全體而言變指一節而言吉凶者言乎其失得也悔吝者言乎其小疵也无咎者善補過也此卦爻辭之通例是故列貴賤者存乎位齊小大者存乎卦辯吉凶者存乎辭位謂六爻之位齊猶

定也小謂陰大謂陽憂悔吝者存乎介震无咎者存乎悔上悔乎罪反下悔呼對反○介謂辯別之端蓋善惡已動而未形之時也於此憂之則不至於悔吝矣震動也知悔則有以動其補過之心而可以无咎矣是故卦有小大辭有險易辭也者各指其所之易以豉反○小險大易各隨所向

右第三章此章釋卦爻辭之通例

易與天地準故能彌綸天地之道易書卦爻具有天地之道與之齊準彌如彌縫之彌有終竟聯合之意綸有選擇條理之意仰以觀於天文俯以察於地理是故知幽明之故原

始反終故知死生之說精氣爲物游魂爲變是故知鬼神之情狀此窮理之事以者聖人以易之書也易者陰陽而已幽明死生鬼神皆陰陽之變天地之道也天文則有晝夜上下地理則有南北高深原者推之於前反者要之於後陰精陽氣聚而成物神之伸也魂游魄降散而爲變鬼之歸也與天地相似故不違知周乎萬物而道濟天下故不過旁行而不流樂天知命故不憂安土敦乎仁故能愛知音智樂音洛知命之知如字○此聖人盡性之事也天地之道知仁而已知周萬物者天也道濟天下者地也知且仁則知而不過矣旁行者權行之知也不流者守正之仁也既樂天理而又知天命故能无憂而其知益深

隨處皆安而无一息之不仁故能不忘其濟物之心而仁益篤蓋仁者愛之理愛者仁之用故其相爲表裏如此

範圍天地之化而不過曲成萬物而不遺通乎晝夜之道而知故神无方而易无體

此聖人至命之事也範如鑄金之有模範圍匡郭也天地之化无窮而聖人爲之範圍不使過於中道所謂裁成者也通猶兼也晝夜即幽明生死鬼神之謂如此然後可見至神之妙无有方所易之變化无有形體也

右第四章

此章言易道之大聖人用之如此

一陰一陽之謂道陰陽迭運者氣也其理則所謂道繼之者善也成之者性也道具於陰而行乎陽繼言其發也善謂化育之功陽

之事也成言其具也性謂物之所受言物生
則有性而各具是道也陰之事也周子程子
之書言
之備矣
仁者見之謂之仁知者見之謂之知
百姓日用而不知故君子之道鮮矣
知音智
不知之
知如字鮮息淺反○仁陽知陰各得是道之
一隅故隨其所見而目爲全體也日用不知
則莫不飲食鮮能知味者又其每下者也然
亦莫不有是道焉或曰上章以知屬乎天仁
屬乎地與此不同何也曰
彼以清濁言此以動靜言
顯諸仁藏諸用鼓
顯
自
萬物而不與聖人同憂盛德大業至矣哉
內而外也仁謂造化之功德之發也藏自外
而內也用謂機緘之妙業之本也程子曰天
地无心而成化聖
人有心而无爲
富有之謂大業日新之謂

盛德張子曰富有者大而无外日新者久而无窮生生之謂易陰生陽陽生陰其變無窮理與書皆然也成象之謂乾效法之謂坤效呈也法謂造化之詳密而可見者極數知來之謂占通變之謂事占筮也事之未定者屬乎陽也事行事也占之已決者屬乎陰也極數知來所以通事之變張忠定公言公事有陰陽意蓋如此陰陽不測之謂神張子曰兩在故不測

右第五章此章言道之體用不外乎陰陽而其所以然者則未嘗倚於陰陽也

夫易廣矣大矣以言乎遠則不禦以言乎邇

則靜而正以言乎天地之閒則備矣夫音扶下同○不禦言无盡靜而正言即物而理存備言无所不有夫乾其靜也專其動也直是以大生焉夫坤其靜也翕其動也闢是以廣生焉翕虛級反闢婢亦反○乾坤各有動靜於其四德見之靜體而動用靜別而動交也乾一而實故以質言而曰大坤二而虛故以量言而曰廣蓋天之形雖包於地之外而其氣常行乎地之中也易之所以廣大者以此廣大配天地變通配四時陰陽之義配日月易簡之善配至德易以豉反○易之廣大變通與其所言陰陽之說易簡之德配之天道人事則如此

右第六章

子曰易其至矣乎夫易聖人所以崇德而廣業也知崇禮卑崇效天卑法地知音智○十翼皆夫子所作不應自著子曰字疑皆後人所加也窮理則知崇如天而德崇循理則禮卑如地而業廣此其取類又以清濁言也天地設位而易行乎其中矣天地設位而變化行猶知禮存性而道義出也成性存存道義之門成性本成之性也存存謂存而又存不已之意也

右第七章

聖人有以見天下之賾而擬諸其形容象其

物宜是故謂之象賾雜亂也象卦之象如說卦所列者聖人有以見天下之動而觀其會通以行其典禮繫辭焉以斷其吉凶是故謂之爻斷丁玩反會謂理之所聚而不可遺處通謂理之可行而无所礙處如庖丁解牛會則其族而通則其虛也言天下之至賾而不可惡也言天下之至動而不可亂也惡烏路反惡猶厭也○擬之而後言議之而後動擬議以成其變化觀象玩辭觀變玩占而法行之此下七爻則其例也鳴鶴在陰其子和之我有好爵吾與爾靡之子曰君子居其室出其言善則千里之

外應之況其邇者乎居其室出其言不善則千里之外違之況其邇者乎言出乎身加乎民行發乎邇見乎遠言行君子之樞機樞機之發榮辱之主也言行君子之所以動天地也可不愼乎和胡卧反靡音縻行下孟反見賢遍反○釋中孚九二爻義

同人先號咷而後笑子曰君子之道或出或處或默或語二人同心其利斷金同心之言其臭如蘭斷丁管反臭昌又反○釋同人九五爻義言君子之道初若不同而後實无閒斷金如蘭言物莫能閒而其言有味也

初六藉用白茅无

咎子曰苟錯諸地而可矣藉之用茅何咎之有慎之至也夫茅之爲物薄而用可重也慎斯術也以往其无所失矣（藉在夜反錯音措 夫音扶○釋大過）

（初六 爻義）勞謙君子有終吉子曰勞而不伐有功而不德厚之至也語以其功下人者也德言盛禮言恭謙也者致恭以存其位者也（釋謙九三 爻義德言盛禮言恭言德欲其盛禮欲其恭也）

亢龍有悔子曰貴而无位高而无民賢人在下位而无輔是以動而有悔也（釋乾上九爻義當屬文言此蓋重出）

不出戶庭无咎

子曰亂之所生也則言語以爲階君不密則失臣臣不密則失身幾事不密則害成是以君子愼密而不出也幾音機○釋節初九爻義子曰作易者其知盜乎易曰負且乘致寇至負也者小人之事也乘也者君子之器也小人而乘君子之器盜思奪之矣上慢下暴盜思伐之矣慢藏誨盜冶容誨淫易曰負且乘致寇至盜之招也藏才浪反○釋解六三爻義

右第八章此章言卦爻之用

天一地二天三地四天五地六天七地八天九地十此簡本在第十章之首程子曰宜在此今從之此言天地之數陽奇陰耦卽所謂河圖者也其位一六居下二七居上三八居左四九居右五十居中就此章而言之則中五爲衍母次十爲衍子次一二三四爲四象之位次六七八九爲四象之數二老位於西北二少位於東南其數則各以其類交錯於外也天數五地數五五位相得而各有合天數二十有五地數三十凡天地之數五十有五此所以成變化而行鬼神也此簡本在大衍之後今按宜在此天數五者一三五七九皆奇也地數五者二四六八十皆耦也相得謂一與二三與四五與六七與八九與十各以奇耦爲二

類而自相得有合謂一與六二與七三與八四與九五與十皆兩相合二十有五者五奇之積也三十者五耦之積也變化謂一變生水而六化成之二化生火而七變成之三變生木而八化成之四化生金而九變成之五變生土而十化成之鬼神謂凡奇耦生成之來屈者伸往

大衍之數五十其用四十有九分而爲二以象兩掛一以象三揲之以四以象四時歸奇於扐以象閏五歲再閏故再扐而後掛

揲時設反奇紀宜反扐郎得反○大衍之數五十蓋以河圖中宮天五乘地十而得之至用以筮則又止用四十有九蓋皆出於理勢之自然而非人之知力所能損益也兩謂天地也掛懸其一於左手小指之間也三三才也揲間而數之也奇所揲四數之餘也

扐勒於左手中三指之兩閒也閏積月之餘
日而成月者也五歲之閒再積日而再成一月
故五歲之中凡一有再閏然後別起積分如一
掛之後左右各一揲而一扐故五者之中凡
有再扐然後別起一掛也

乾之策二百一十有六坤之策
百四十有四凡三百有六十當期之日期音基

○凡此策數生於四象蓋河圖四面太陽居一
而連九少陰居二而連八少陽居三而連七
太陰居四而連六揲蓍之法則通計三變之
餘去其初掛之一凡四爲奇凡八爲耦奇圓
圍三耦方圍四三用其全四用其半積而數
之則爲六七八九而第三變揲數策數亦皆
符會蓋餘三奇則九而其揲亦九策亦四九
三十六是爲居一之太陽餘二奇一耦則八
而其揲亦八策亦四八三十二是爲居二之
少陰二耦一奇則七而其揲亦七策亦四七

二十八是爲居三之少陽三耦則六而其揲亦六策亦四六二十四是爲居四之老陰是其變化往來進退離合之妙皆出自然非人之所能爲也少陰退而未極乎虛少陽進而未極乎盈故此獨以老陽老陰計乾坤六爻之策數餘可推而知也期周一歲也凡三百六十五日四分日之一此特舉成數而槩言之耳

二篇之策萬有一千五百二十當萬物之數也二篇謂上下經凡陽爻百九十二得六千九百一十二策陰爻百九十二得四千六百八策合之得此數

是故四營而成易十有八變而成卦四營謂分二掛一揲四歸奇也易變也謂一變也三變成爻十八變則成六爻也

八卦而小成謂九變而成三畫得內卦也

引而伸之觸類而長之天下之能

事畢矣長丁丈反○謂已成六爻而視其爻之變與不變以爲動靜則一卦可變而爲六十四卦以定吉凶凡四千九十六卦也顯道神德行是故可與酬酢可與祐神矣行下孟反○道因辭顯行以數神酬酢謂應對祐神謂助神化之功子曰知變化之道者其知神之所爲乎變化之道即上文數法是也皆非人之所能爲故夫子歎之而門人加子曰以別上文也

右第九章

此章言天地大衍之數揲蓍求卦之法然亦略矣意其詳具於大卜筮人之官而今不可考耳其可推者敢嘗備言之

易有聖人之道四焉以言者尚其辭以動者

尚其變以制器者尚其象以卜筮者尚其占四者皆變化之道神之所爲者也是以君子將有爲也將有行也問焉而以言其受命也如嚮无有遠近幽深遂知來物非天下之至精其孰能與於此嚮許兩反古文嚮字與音預下同○此尚辭尚占之事言人以蓍問易求其卦爻之辭而以之發言處事則易受人之命而有以告之如嚮之應聲以決其未來之吉凶也以言與以言者尚其辭之以言義同命則將筮而告蓍之語冠禮筮日宰自右贊命是也參伍以變錯綜其數通其變遂成天地之文極其數遂定天下之象非天下之至變其孰

能與於此參七南反錯七各反綜作弄反○此尚象之事變則象之未定者也參者三數之也伍者五數之也既參以變又伍以變一先一後更相考聚以審其多寡之實也錯者交而互之一左一右之謂也綜者總而挈之一低一昂之謂也此亦皆謂揲蓍求卦之事蓋通三揲兩手之策以成陰陽老少之畫究七八九六之數以定卦爻動靜之象也參伍錯綜皆古語而參伍尤難曉按荀子云窺敵制變欲伍以參韓非曰省同異之言以知朋黨之分偶參伍之驗以責陳言之實又曰參之以此物伍之以合參史記曰必參而伍之又曰參伍不失漢書曰參伍其貫以類相準此足以相發明矣易无思也无為也寂然不動感而遂通天下之故非天下之至神其孰能與於此此四者易之體所以立而用所

以行者也易指蓍卦无思无爲言其无心也寂然者感之體感通者寂之用人心之妙其動靜亦如此

夫易聖人之所以極深而研幾也（幾音機下同○研猶審也幾微也所以極深者至精也所以研幾者至變也）唯深也故能通天下之志唯幾也故能成天下之務唯神也故不疾而速不行而至（所以通志而成務者神之所爲也）

子曰易有聖人之道四焉者此之謂也

右第十章（此章承上章之意言易之用有此四者）

子曰夫易何爲者也夫易開物成務冒天下之道如斯而已者也是故聖人以通天下之

志以定天下之業以斷天下之疑夫音扶冒莫報反斷丁亂反○開物成務謂使人卜筮以知吉凶而成事業冒天下之道謂卦爻既設而天下之道皆在其中是故蓍之德圓而神卦之德方以知六爻之義易以貢聖人以此洗心退藏於密吉凶與民同患神以知來知以藏往其孰能與於此哉古之聰明叡知神武而不殺者夫方以知之知音智下知以叡知並同易音亦與音預夫音扶○圓神謂變化无方方知謂事有定理易以貢謂變易以告人聖人體具三者之德而无一塵之累无事則其心寂然人莫能窺有事則神知之用隨感而應所謂无卜筮而知吉凶也神武不殺得其理而不

假其物之謂是以明於天之道而察於民之故是興神物以前民用聖人以此齋戒以神明其德夫夫音扶○神物謂蓍龜湛然純一之謂齋肅然警惕之謂戒明天道故知神物之可興察民故故知其用之不可不有以開其先是以作爲卜筮以教人而於此焉齋戒以考其占使其心神明不測如鬼神之能知來也是故闔戶謂之坤闢戶謂之乾一闔一闢謂之變往來不窮謂之通見乃謂之象形乃謂之器制而用之謂之法利用出入民咸用之謂之神○見賢遍反闔闢動靜之機也先言坤者由靜而動也乾坤變通者化育之功也見象形器者生物之序也法

者聖人脩道之所爲而神者百姓自然之日用也是故易有大極大音泰是生兩儀兩儀生四象四象生八卦一每生二自然之理也易者陰陽之變大極者其理也兩儀者始爲一畫以分陰陽四象者次爲二畫以分太少八卦者次爲三畫而三才之象始備此數言者實聖人作易自然之次第有不假絲毫智力而成者畫卦揲蓍其序皆然詳見序例啓蒙八卦定吉凶吉凶生大業有吉有凶是生大業是故法象莫大乎天地變通莫大乎四時縣象著明莫大乎日月崇高莫大乎富貴備物致用立成器以爲天下利莫大乎聖人探賾索隱鉤深致遠以定

天下之吉凶成天下之亹亹者莫大乎蓍龜縣音玄探吐南反索色白反亹亡偉反○富貴謂有天下履帝位立下疑有闕文亹亹猶勉勉也疑則怠決故勉是故天生神物聖人則之天地變化聖人效之天垂象見吉凶聖人象之河出圖洛出書聖人則之見賢遍反○此四者聖人作易之所由也河圖洛書詳見啓蒙易有四象所以示也繫辭焉所以告也定之以吉凶所以斷也斷丁亂反○四象謂陰陽老少示謂示人以所值之卦爻

右第十一章此章專言卜筮

易曰自天祐之吉无不利子曰祐者助也天之所助者順也人之所助者信也履信思乎順又以尚賢也是以自天祐之吉无不利也釋大有上九爻義然在此无所屬或恐是錯簡宜在第八章之末子曰書不盡言言不盡意然則聖人之意其不可見乎子曰聖人立象以盡意設卦以盡情僞繫辭焉以盡其言變而通之以盡利鼓之舞之以盡神言之所傳者淺象之所示者深觀奇耦二畫包含變化无有窮盡則可見矣變通鼓舞以事而言兩子曰字疑衍其一蓋子曰字皆後人所加故有此誤如近世通書乃

周子所自作亦爲後人每章加以周子曰字其設問答處正如此也乾坤其易之緼邪乾坤成列而易立乎其中矣乾坤毁則无以見易易不可見則乾坤或幾乎息矣緼與蘊同邪于遮反幾音機○緼所包蓄者猶衣之著也易之所有陰陽而已凡陽皆乾凡陰皆坤畫卦定位則二者成列而易之體立矣乾坤毁謂卦畫不立乾坤息謂變化不行是故形而上者謂之道形而下者謂之器化而裁之謂之變推而行之謂之通舉而措之天下之民謂之事業卦爻陰陽皆形而下者其理則道也因其自然之化而裁制之變之義也變通二字上章以天言此章以人言是故夫象

聖人有以見天下之賾而擬諸其形容象其物宜是故謂之象聖人有以見天下之動而觀其會通以行其典禮繫辭焉以斷其吉凶是故謂之爻（重出以起下文）極天下之賾者存乎卦鼓天下之動者存乎辭（卦即象也辭即爻也）化而裁之存乎變推而行之存乎通神而明之存乎其人默而成之不言而信存乎德行（○行下孟反卦爻所以變通者在人人之所以能神而明之者在德）

右第十二章

繫辭下傳

八卦成列象在其中矣因而重之爻在其中矣重直龍反○成列謂乾一兌二離三震四巽五坎六艮七坤八之類象謂卦之形體也因而重之謂各因一卦而以八卦次第加之爲六十四也爻六爻也既重而後卦有六爻也剛柔相推變在其中矣繫辭焉而命之動在其中矣剛柔相推而卦爻之變往來交錯无不可見聖人因其如此而皆繫之辭以命其吉凶則占者所值當動之爻象亦不出乎此矣吉凶悔吝者生乎動者也吉凶悔吝皆辭之所命也然必因卦爻之動而後見剛柔者立本者也變通者趣時者也趣七樹反○一剛一柔各

有定位自此而彼變以從時吉凶者貞勝者也貞正也常也物以其所正爲常者也天下之事非吉則凶非凶則吉常相勝而不已也天地之道貞觀者也日月之道貞明者也天下之動貞夫一者也觀官換反夫音扶○觀示也天下之動其變无窮然順理則吉逆理則凶則其所正而常者亦一理而已矣夫乾確然示人易矣夫坤隤然示人簡矣確苦角反易音異隤音頹○確然健貌隤然順貌所謂貞觀者也爻也者效此者也象也者像此者也此謂上文乾坤所示之理爻之奇耦卦之消息所以效而象之爻象動乎內吉凶見乎外功業見乎變聖人之情見乎辭

內謂蓍卦之中外謂蓍卦之外變即動乎內之變辭即見乎外之辭天地之大德曰生聖人之大寶曰位何以守位曰仁何以聚人曰財理財正辭禁民爲非曰義曰人之人今本作仁吕氏從古蓋所謂非衆罔與守邦

右第一章此章言卦爻吉凶造化功業

古者包犧氏之王天下也仰則觀象於天俯則觀法於地觀鳥獸之文與地之宜近取諸身遠取諸物於是始作八卦以通神明之德以類萬物之情包蒲交反王于況反○王昭素曰與地之間諸本多有天

字俯仰遠近所取不一然不過以驗陰陽消息兩端而已神明之德如健順動止之性萬物之情如雷風山澤之象作結繩而爲罔罟以佃以漁蓋取諸離○罔與網同罟音古佃音田兩目相承而物麗焉包犧氏沒神農氏作斲木爲耜揉木爲耒耒耨之利以教天下蓋取諸益斲陟角反耜音似耒力對反耨奴豆反○二體皆木上入下動天下之益莫大於此日中爲市致天下之民聚天下之貨交易而退各得其所蓋取諸噬嗑日中爲市上明而下動又借噬爲市嗑爲合也神農氏沒黃帝堯舜氏作通其變使民不倦神而化之使民宜之易

窮則變變則通通則久是以自天祐之吉无

不利黃帝堯舜垂衣裳而天下治蓋取諸乾

坤乾坤變化而无爲刳木爲舟剡木爲楫舟楫之利

以濟不通致遠以利天下蓋取諸渙刳口姑反剡以冉反○木在水上也致遠以利天下疑衍服牛乘馬引重致遠以

利天下蓋取諸隨下動上說重門擊柝以待暴客

蓋取諸豫重直龍反柝他各反○豫備之意斷木爲杵掘地

爲臼臼杵之利萬民以濟蓋取諸小過斷丁緩反

杵昌呂反掘其月反○下止上動弦木爲弧剡木爲矢弧矢

之利以威天下蓋取諸睽（睽乖然後威以服之）上古穴居而野處後世聖人易之以宮室上棟下宇以待風雨蓋取諸大壯（處上聲壯固之意）○古之葬者厚衣之以薪葬之中野不封不樹喪期无數後世聖人易之以棺槨蓋取諸大過○（衣去聲送死大事而過於厚）上古結繩而治後世聖人易之以書契百官以治萬民以察蓋取諸夬（明決之意）

右第二章（此章言聖人制器尚象之事）

是故易者象也象也者像也（易卦之形理之似也）象者

材也（彖言卦之材）爻也者效天下之動者也（效放也）是故吉凶生而悔吝著也（悔吝本微因此而著）

右第三章

陽卦多陰陰卦多陽（震坎艮爲陽卦皆一陽二陰巽離兌爲陰卦皆一陰二陽）其故何也陽卦奇陰卦耦（奇紀宜反○凡陽卦皆五畫凡陰卦皆四畫）其德行何也陽一君而二民君子之道也陰二君而一民小人之道也（行下孟反○君謂陽民謂陰）

右第四章

易曰憧憧往來朋從爾思子曰天下何思何慮天下同歸而殊塗一致而百慮天下何思何慮此引咸九四爻辭而釋之言理本无二而殊塗百慮莫非自然何以思慮爲哉必思而從則所從者亦狹矣日往則月來月往則日來日月相推而明生焉寒往則暑來暑往則寒來寒暑相推而歲成焉往者屈也來者信也屈信相感而利生焉信音申○言往來屈信皆感應自然之常理加憧憧焉則入於私矣所以必思而後有從也尺蠖之屈以求信也龍蛇之蟄以存身也精義入神以致用也利用

安身以崇德也蠖紆縛反蟄眞立反○因言屈信往來之理而又推以言學亦有自然之機也精研其義至於入神屈之至也然乃所以爲出而致用之本利其施用无適不安信之極也然乃所以爲入而崇德之資內外交相養互相發也過此

以往未之或知也窮神知化德之盛也下學之事盡力於精義利用而交養互發之機自不能已自是以上則亦无所用其力矣至於窮神知化乃德盛仁熟而自致耳然不知者往而屈也自致者來而信也是亦感應自然之理而已張子曰氣有陰陽推行有漸爲化合一不測爲神此上四節皆以釋咸九四爻義

易曰困于石據于蒺蔾入于其宮不見其妻

凶子曰非所困而困焉名必辱非所據而據

焉身必危既辱且危死期將至妻其可得見邪（釋困六三爻義）易曰公用射隼于高墉之上獲之无不利子曰隼者禽也弓矢者器也射之者人也君子藏器於身待時而動何不利之有動而不括是以出而有獲語成器而動者也（○射石亦反隼恤允反括古活反括結礙也此釋解上六爻義）子曰小人不恥不仁不畏不義不見利不勸不威不懲小懲而大誡此小人之福也易曰屨校滅趾无咎此之謂也（校音教○此釋噬嗑初九爻義）善不積不足以

成名惡不積不足以滅身小人以小善爲无益而弗爲也以小惡爲无傷而弗去也故惡積而不可掩罪大而不可解易曰何校滅耳凶何河可反去羌呂反此釋噬嗑上九爻義○子曰危者安其位者也亡者保其存者也亂者有其治者也是故君子安而不忘危存而不忘亡治而不忘亂是以身安而國家可保也易曰其亡其亡繫于苞桑此釋否九五爻義子曰德薄而位尊知小而謀大力小而任重鮮不及矣易曰鼎折足

覆公餗其形渥凶言不勝其任也知音智鮮仙善反折之設反餗音速渥烏角反勝音升○此釋鼎九四爻義子曰知幾其神乎君子上交不諂下交不瀆其知幾乎幾者動之微吉之先見者也君子見幾而作不俟終日易曰介于石不終日貞吉介如石焉寧用終日斷可識矣君子知微知彰知柔知剛萬夫之望幾音機先見之見音現斷丁玩反望無方反○此釋豫六二爻義漢書吉之之閒有凶字子曰顏氏之子其殆庶幾乎有不善未嘗不知知之未嘗復行也易曰不遠復

无祇悔元吉幾音機復行之復芳服反祇音其○殆危也庶幾近意言近道也此釋復初九爻義天地絪縕萬物化醇男女構精萬物化生易曰三人行則損一人一人行則得其友言致一也絪音因縕紆云反○絪縕交密之狀醇謂厚而凝也言氣化者也化生形化者也此釋損六三爻義子曰君子安其身而後動易其心而後語定其交而後求君子脩此三者故全也危以動則民不與也懼以語則民不應也无交而求則民不與也莫之與則傷之者至矣易曰莫益之或擊之立心勿恒

凶易其之易去聲○此釋益上九爻義

右第五章

子曰乾坤其易之門邪乾陽物也坤陰物也陰陽合德而剛柔有體以體天地之撰以通神明之德邪于遮反撰仕免反○諸卦剛柔之體皆以乾坤合德而成故曰乾坤易之門撰猶事也其稱名也雜而不越於稽其類其衰世之意邪萬物雖多无不出於陰陽之變故卦爻之義雖雜出而不差繆然非上古淳質之時思慮所及也故以爲衰世之意蓋指文王與紂之時也夫易彰往而察來而微顯闡幽開而當名辨物正

言斷辭則備矣。夫音扶。當，去聲。斷，丁玩反。○而微顯恐當作微顯而闡，而之而亦疑有誤。其稱名也小，其取類也大，其旨遠，其辭文，其言曲而中，其事肆而隱。因貳以濟民行，以明失得之報。中，丁仲反。行，下孟反。○肆，陳也。貳，疑也。

右第六章。此章多闕文疑字，不可盡通，後皆放此。

易之興也，其於中古乎？作易者，其有憂患乎？夏商之末，易道中微，文王拘於羑里而繫彖辭，易道復興。是故履，德之基也；謙，德之柄也；復，德之本也；恒，德之固也；損，德之脩也；益，德之裕也；困，德之辨也；井，德之地也巽德之制也履禮也上天下澤定分不易必謹乎此然後其德有以為基而立也謙者自卑而尊人又為禮者之所當執持而不可失者也九卦皆反身脩德以處憂患之事也而有序焉基所以立柄所以持復者心不外而善端存恒者守不變而常且久懲忿窒慾以脩身遷善改過以長善困以自驗其力井以不變其所然後能巽順於理以制事變也履和而至謙尊而光復小而辨於物恒雜而不厭損先難而後易益長裕而不設困窮而通井居其所而遷巽稱而隱易以豉反長丁丈反稱尺證反○此如書之九德禮非強世然事皆至極謙以自卑而尊且光復陽微而不亂於羣陰恒處雜而常德不厭損欲先難習熟則易益但充長而不造作困身困

而道亨井不動而及物巽稱物之宜而潛隱不露履以和行謙以制禮復以自知恒以一德損以遠害益以興利困以寡怨井以辯義巽以行權和行之行下孟反遠袁萬反○寡怨謂少所怨尤辯義謂安而能慮

右第七章此章三陳九卦以明處憂患之道

易之爲書也不可遠爲道也屢遷變動不居周流六虛上下無常剛柔相易不可爲典要唯變所適遠袁萬反上上聲下去聲○遠猶忘也周流六虛謂陰陽流行於卦之六位其出入以度外內使知懼此句未詳疑有脫誤又

明於憂患與故无有師保如臨父母雖无師保而常若父母臨之戒懼之至初率其辭而揆其方既有典常苟非其人道不虛行揆葵癸反○方道也始由辭以度其理則見其有典常矣然神而明之則存乎其人也

右第八章

易之爲書也原始要終以爲質也六爻相雜唯其時物也要一遙反下同○質謂卦體卦必舉其始終而後成體爻則唯其時物而已其初難知其上易知本末也初辭擬之卒成之終易去聲○此言初上二爻若夫雜物撰德辨

是與非則非其中爻不備夫音扶○此謂卦中四爻噫亦
要存亡吉凶則居可知矣知者觀其彖辭則
思過半矣知者之知音智○彖統論一卦六爻之體二與四同功
而異位其善不同二多譽四多懼近也柔之
為道不利遠者其要无咎其用柔中也要如字又一遙反下章同○此以下論中爻同功謂皆陰位異位謂遠近不同四近君故多懼柔不利遠而二多譽者以其柔中也三與五同功而異位三多凶
五多功貴賤之等也其柔危其剛勝邪勝音升○三五同陽位而貴賤不同然以柔居之則危唯剛則能勝之

右第九章

易之爲書也廣大悉備有天道焉有人道焉有地道焉兼三才而兩之故六六者非它也三才之道也三畫已具三才重之故六而以上二爻爲天中二爻爲人下二爻爲地道有變動故曰爻爻有等故曰物物相雜故曰文文不當故吉凶生焉當去聲○道有變動謂卦之一體等謂遠近貴賤之差相雜謂剛柔之位相閒不當謂爻不當位

右第十章

易之興也其當殷之末世周之盛德邪當文

王與紂之事邪是故其辭危危者使平易者使傾其道甚大百物不廢懼以終始其要无咎此之謂易之道也邪于遮反易者之易去聲要平聲○危懼故得平安慢易則必傾覆易之道也

右第十一章

夫乾天下之至健也德行恒易以知險夫坤天下之至順也德行恒簡以知阻夫音扶行易並去聲阻莊呂反○至健則所行无難故易至順則所行不煩故簡然其於事皆有以知其難而不敢易以處之也是以其有憂患則健者如自高臨下而知其險順者如自下趨上而知

其阻蓋雖易而能知險則不陷於險矣旣簡而又知阻則不困於阻矣所以能危能懼而无易者之傾也能說諸心能研諸侯之慮定天下之吉凶成天下之亹亹者說音悅○侯之二字衍說諸心者心與理會乾之事也研諸慮者理因慮審坤之事也說諸心故有以定吉凶研諸慮故有以成亹亹是故變化云爲吉事有祥象事知器占事知來變化云爲故象事可以知器吉事有祥故占事可以知來天地設位聖人成能人謀鬼謀百姓與能與音預○天地設位而聖人作易以成其功於是人謀鬼謀雖百姓之愚皆得以與其能八卦以象告爻彖以情言剛柔雜居而吉凶可見矣象謂卦畫

爻彖謂卦爻辭變動以利言吉凶以情遷是故愛惡相攻而吉凶生遠近相取而悔吝生情僞相感而利害生凡易之情近而不相得則凶或害之悔且吝惡烏路反○不相得謂相惡也凶害悔吝皆由此生將叛者其辭慙中心疑者其辭枝吉人之辭寡躁人之辭多誣善之人其辭游失其守者其辭屈卦爻之辭亦猶是也

右第十二章

周易卷之四

說卦傳

昔者聖人之作易也幽贊於神明而生蓍幽贊神明猶言贊化育龜筴傳曰天下和平王道得而蓍莖長丈其叢生滿百莖參天兩地而倚數參七南反○天圓地方圓者一而圍三三各一奇故參天而爲三方者一而圍四四合二耦故兩地而爲二數皆倚此而起故揲蓍三變之末其餘三奇則三三三而九三耦則二二二而六兩二一三則爲七兩三一二二則爲八觀變於陰陽而立卦發揮於剛柔而生爻和順於道德而理於義窮理盡性以至於命和順從容无所乖逆統言

之也理謂隨事得其條理析言之也窮天下之理盡人物之性而合於天道此聖人作易之極功也

右第一章

昔者聖人之作易也將以順性命之理是以立天之道曰陰與陽立地之道曰柔與剛立人之道曰仁與義兼三才而兩之故易六畫而成卦分陰分陽迭用柔剛故易六位而成章

兼三才而兩之總言六畫又細分之則陰陽之位間雜而成文章也

右第二章

天地定位山澤通氣雷風相薄水火不相射八卦相錯薄音博○邵子曰此伏羲八卦之位乾南坤北離東坎西兌居東南震居東北巽居西南艮居西北於是八卦相交而成六十四卦所謂先天之學也數往者順知來者逆是故易逆數也數並上聲○起震而歷離兌以至於乾數已生之卦也自巽而歷坎艮以至於坤推未生之卦也易之生卦則以乾兌離震巽坎艮坤為次故皆逆數也

右第三章

雷以動之風以散之雨以潤之日以烜之艮以止之兌以說之乾以君之坤以藏之烜與晅同

說音悅○此卦位相對與上章同

右第四章

帝出乎震齊乎巽相見乎離致役乎坤說言乎兌戰乎乾勞乎坎成言乎艮○說音悅下同帝者天之主宰邵子曰此卦位乃文王所定所謂後天之學也萬物出乎震震東方也齊乎巽巽東南也齊也者言萬物之潔齊也離也者明也萬物皆相見南方之卦也聖人南面而聽天下嚮明而治蓋取諸此也坤也者地也萬物皆致養焉故曰致役乎坤

兌正秋也萬物之所說也故曰說言乎兌戰乎乾乾西北之卦也言陰陽相薄也坎者水也正北方之卦也勞卦也萬物之所歸也故曰勞乎坎艮東北之卦也萬物之所成終而所成始也故曰成言乎艮嚮讀作向說音悅下同薄音博○上言帝此言萬物之隨帝以出入也

右第五章此章所推卦位之說多未詳者

神也者妙萬物而爲言者也動萬物者莫疾乎雷撓萬物者莫疾乎風燥萬物者莫熯乎

火。說萬物者莫說乎澤。潤萬物者莫潤乎水。終萬物始萬物者莫盛乎艮。故水火相逮。雷風不相悖。山澤通氣。然後能變化。既成萬物也。撓乃飽反。熯呼但反。悖必內反。○此去乾坤而專言六子。以見神之所為。然其位序亦用上章之說。未詳其義。

右第六章

乾。健也。坤。順也。震。動也。巽。入也。坎。陷也。離。麗也。艮。止也。兌。說也。說音悅。○此言八卦之性情。

右第七章

乾爲馬坤爲牛震爲龍巽爲雞坎爲豕離爲雉艮爲狗兌爲羊遠取諸物如此

右第八章

乾爲首坤爲腹震爲足巽爲股坎爲耳離爲目艮爲手兌爲口近取諸身如此

右第九章

乾天也故稱乎父坤地也故稱乎母震一索而得男故謂之長男巽一索而得女故謂之長女坎再索而得男故謂之中男離再索而

得女故謂之中女艮三索而得男故謂之少男兌三索而得女故謂之少女索色白反長之丈反少詩照反下章同○索求也謂揲蓍以求爻也男女指卦中一陰一陽之爻而言

右第十章

乾爲天爲圜爲君爲父爲玉爲金爲寒爲冰爲大赤爲良馬爲老馬爲瘠馬爲駁馬爲木果圜音圓駁邦角反○荀九家此下有爲龍爲直爲衣爲言坤爲地爲母爲布爲釜爲吝嗇爲均爲子母牛爲大輿爲文爲衆爲柄其於地也爲黑釜房甫反嗇音色○荀九家有

爲牝爲迷爲方爲囊爲裳爲黃爲帛爲漿震爲雷爲龍爲玄黃爲旉爲大塗爲長子爲決躁爲蒼筤竹爲萑葦其於馬也爲善鳴爲馵足爲作足爲的顙其於稼也爲反生其究爲健爲蕃鮮旉音孚筤音郎萑音丸馵主樹反蕃音煩○荀九家有爲玉爲鵠爲鼓巽爲木爲風爲長女爲繩直爲工爲白爲長爲高爲進退爲不果爲臭其於人也爲寡髮爲廣顙爲多白眼爲近利市三倍其究爲躁卦下爲長之長如字○荀九家有爲楊爲鸛坎爲水爲溝瀆爲隱伏爲矯輮爲弓輪

其於人也為加憂為心病為耳痛為血卦為赤其於馬也為美脊為亟心為下首為薄蹄為曳其於輿也為多眚為通為月為盜其於木也為堅多心蘇如九反亟紀力反曳以制反○荀九家有為宮為律為可為棟為叢棘為狐為蒺藜為桎梏離為火為日為電為中女為甲冑為戈兵其於人也為大腹為乾卦為鼈為蟹為蠃為蚌為龜其於木也為科上槁乾音干蟹戶買反蠃力禾反蚌步項反○荀九家有為牝牛艮為山為徑路為小石為門闕為果蓏為閽寺為指為狗

爲鼠爲黔喙之屬其於木也爲堅多節蓏力果反

黔其堅反喙況廢反又音咒荀九家有爲鼻爲虎爲狐兌爲澤爲少女爲巫爲口舌爲毀折爲附決其於地也爲剛鹵爲妾爲羊折之列反鹵力杜反荀九家有爲常爲輔頰

右第十一章此章廣八卦之象其間多不可曉者求之於經亦不盡合也

序卦傳

有天地然後萬物生焉盈天地之間者唯萬物故受之以屯屯者盈也屯者物之始生也

物生必蒙故受之以蒙蒙者蒙也物之穉也物穉不可不養也故受之以需需者飲食之道也飲食必有訟故受之以訟訟必有衆起故受之以師師者衆也衆必有所比故受之以比比者比也比必有所畜故受之以小畜物畜然後有禮故受之以履履而泰然後安故受之以泰晁氏曰鄭本无而泰二字泰者通也物不可以終通故受之以否物不可以終否故受之以同人與人同者物必歸焉故受之以大有

有大者不可以盈故受之以謙有大而能謙必豫故受之以豫豫必有隨故受之以隨以喜隨人者必有事故受之以蠱蠱者事也有事而後可大故受之以臨臨者大也物大然後可觀故受之以觀可觀而後有所合故受之以噬嗑嗑者合也物不可以苟合而已故受之以賁賁者飾也致飾然後亨則盡矣故受之以剝剝者剝也物不可以終盡剝窮上反下故受之以復復則不妄矣故受之以无

妄有无妄然後可畜故受之以大畜物畜然

後可養故受之以頤頤者養也不養則不可

動故受之以大過物不可以終過故受之以

坎坎者陷也陷必有所麗故受之以離離者

麗也

右上篇

有天地然後有萬物有萬物然後有男女有

男女然後有夫婦有夫婦然後有父子有父

子然後有君臣有君臣然後有上下有上下

然後禮義有所錯夫婦之道不可以不久也
故受之以恒恒者久也物不可以久居其所
故受之以遯遯者退也物不可以終遯故受
之以大壯物不可以終壯故受之以晉晉者
進也進必有所傷故受之以明夷夷者傷也
傷於外者必反其家故受之以家人家道窮
必乖故受之以睽睽者乖也乖必有難故受
之以蹇蹇者難也物不可以終難故受之以
解解者緩也緩必有所失故受之以損損而

不已必益故受之以益益而不已必決故受
之以夬夬者決也決必有所遇故受之以姤
姤者遇也物相遇而後聚故受之以萃萃者
聚也聚而上者謂之升故受之以升升而不
已必困故受之以困困乎上者必反下故受
之以井井道不可不革故受之以革革物者
莫若鼎故受之以鼎主器者莫若長子故受
之以震震者動也物不可以終動止之故受
之以艮艮者止也物不可以終止故受之以

漸漸者進也進必有所歸故受之以歸妹得其所歸者必大故受之以豐豐者大也窮大者必失其居故受之以旅旅而無所容故受之以巽巽者入也入而後說之故受之以兌兌者說也說而後散之故受之以渙渙者離也物不可以終離故受之以節節而信之故受之以中孚有其信者必行之故受之以小過有過物者必濟故受之以既濟物不可窮也故受之以未濟終焉

右下篇

雜卦傳

乾剛坤柔比樂師憂樂音洛臨觀之義或與或求以我臨物曰與物來觀我曰求或曰二卦互有與求之義屯見而不失其居蒙雜而著見賢遍反著陟慮反○屯震遇坎震動故見坎險不行也蒙坎遇艮坎幽昧艮光明也或曰屯以初言蒙以二言震起也艮止也損益盛衰之始也○大畜時也无妄災也止健者時有適然无安而災自外至萃聚而升不來也謙輕而豫怠也○噬嗑食也賁无色也白受采兌見而巽

伏也。見賢遍反。兌陰外見，巽陰內伏。隨无故也。蠱則飭也。
飭與勑同。○隨前无故，蠱後當飭。剝爛也。復反也。○晉晝也。
明夷誅也。誅傷也。井通而困相遇也。剛柔相遇而剛見揜
也。咸速也。恒久也。咸速恒久。渙離也。節止也。○解緩
也。蹇難也。睽外也。家人內也。○否泰反其類也。
難，乃旦反。大壯則止，遯則退也。止謂不退。大有衆也。同
人親也。革去故也。鼎取新也。小過過也。中孚
信也。豐多故也。親寡旅也。去，起呂反。○既明且動，其故多矣。
離上而坎下也。○上，時掌反。下，遐嫁反。火炎上，水潤下。小畜寡

也履不處也處上聲○不處行進之義需不進也訟不親也大過顛也姤遇也柔遇剛也漸女歸待男行也頤養正也既濟定也歸妹女之終也未濟男之窮也夬決也剛決柔也君子道長小人道憂也長丁丈反○自大過以下卦不反對或疑其錯簡今以韻協之文似非誤未詳何義